AF355816

La dernière lettre

écrite par des soldats français
tombés au champ d'honneur
1914 - 1918

Ces lettres ont été choisies
par des pères qui pleurent un
enfant mort pour la France
et par d'anciens combattants
réunis sous la présidence de
M. le Maréchal FOCH.

L'Union des Pères et des Mères dont les fils sont morts pour la Patrie, 10, rue Laffitte, Paris (IXe), la *Ligue des Chefs de Section et des Soldats combattants*, 17 ter, Avenue Beaucour, Paris (VIIIe), et *M. Ernest Flammarion*, 26, rue Racine, Paris (VIe), ont édité ce livre.

Sur l'initiative de BINET-VALMER, Vice-Président de la *Ligue des Chefs de Section et Soldats Combattants*, il a été créé, le 17 Janvier 1921, un Comité pour le choix des lettres publiées dans ce volume :

Monsieur le Maréchal FOCH
Président

Louis BARTHOU
de l'Académie Française,
Ministre de la Guerre.

BINET-VALMER
Vice-Président
de la *Ligue des Chefs de Section.*

Henry BONNET
Président de l'*Union
des Pères et Mères*
dont les Fils sont morts
pour la Patrie.

Jacques BOULENGER
Vice-Président honoraire
de l'*Association
des Ecrivains combattants.*

CHASSAIGNE-GOYON
député, Vice-Président
de l'*Union des Pères et Mères.*

Paul DOUMER
Ministre des Finances,
Membre du Conseil
de l'*Union des Pères et Mères.*

Robert de FLERS
de l'Académie Française,
Président de la Société
des Auteurs dramatiques.

HENRY-JACQUES
Membre fondateur
de l'*Association
des Ecrivains combattants.*

André LAMANDE
Membre fondateur
de l'*Association
des Ecrivains combattants.*

Georges LECOMTE
Ancien Président
de la Société des Gens de Lettres
Vice-Président
de l'*Union des Pères et Mères.*

Hugues LE ROUX
Sénateur,
Membre de l'*Union
des Pères et Mères.*

Jacques PERICARD
Membre des Comités directeurs
de l'*Union nationale des combattants*
et de la *Ligue des Chefs de Section.*

Capitaine TERNISIEN
Secrétaire général
de la *Ligue des Chefs de Section
et Soldats combattants.*

Max et Alex FISCHER
Hommes de Lettres
Directeurs Littéraires
de la Librairie Flammarion

8° Z
21402

La dernière lettre

La dernière lettre

écrite par des soldats français

tombés au champ d'honneur

1914 - 1918

Ces lettres ont été choisies
par des pères qui pleurent
un enfant mort pour la France
et par d'anciens combattants
réunis sous la présidence de
== M. le Maréchal FOCH. ==

L'Union des Pères et des Mères dont les fils sont morts pour la Patrie, 10, rue Laffitte, Paris (IXe), la *Ligue des Chefs de Section et des Soldats combattants*, 17 ter, Avenue Beaucour, Paris (VIIIe), et *M. Ernest Flammarion*, 26, rue Racine, Paris (VIe) ont édité ce livre.

*Droits de traduction et de reproduction réservés
pour tous les pays.
Copyright 1922.
by Ernest FLAMMARION*

Paris, le 29 Octobre 1921.

Le sacrifice de tous les soldats tombés pour la défense de la Patrie fut d'autant plus sublime qu'il fut librement consenti.

Les " *Dernières Lettres* " montrent de façon touchante l'esprit idéal et pur dans lequel ce sacrifice a été fait ; c'est un monument de plus à la Gloire impérissable du Soldat Français.

F. Foch

Lettre écrite par le Soldat ABEILLE, 42ᵉ d'Infanterie, tombé au champ d'honneur le 12 Novembre 1914.

Saint-Gaudens, samedi 26 Septembre 1914.

.....A Paris, j'ai vu une ville que je connaissais de longue date et dont les beautés m'étaient familières, avec des yeux sur lesquels l'amour avait mis son charme inexprimable.

C'était le 23 Septembre, après-midi ensoleillée et claire avec sur les arbres et dans le ciel des teintes douces qui déjà annonçaient le prochain automne. Je me suis trouvé sur la place de la Concorde, touché de la grâce extraordinaire, de la beauté de ce coin de Paris par cette claire journée de guerre. Je venais de passer devant la statue de Strasbourg, si éloquente dans son geste fier. Je venais d'admirer les pures couleurs du grand pavillon tricolore flottant comme toujours au-dessus du Ministère de la Marine.

Et au centre de la grande place, je voyais,

d'un côté, à l'extrémité grandiose de l'avenue des Champs-Elysées, le profil de l'arc de triomphe de l'Etoile, monument de nos prestigieuses gloires passées.

A l'autre extrémité, au fond des Tuileries, encadrées d'arbres et de jets d'eau, les colonnes de porphyre du petit arc de triomphe du Carrousel, élevé lui aussi à la gloire des grandes armées, narguant le monument de Gambetta et les paroles émouvantes gravées dans la pierre devant le Louvre.

Et je voyais cela pour la première fois avec des yeux qui n'étaient plus ceux d'un vaincu accablé par l'abaissement d'une patrie qui avait été si grande. Je voyais pour la première fois la capitale de mon pays, en ayant le droit de regarder en face le sens des pierres de ses monuments, en étant certain que nous allions enfin nous montrer dignes de notre grande histoire.

Avoir vécu trente-trois ans avec l'angoisse de ne pas voir venir le jour de gloire tant rêvé, avec l'humiliation de transmettre aux enfants la honte d'être des Français diminués, moins fiers, moins libres que leurs grands-pères, avoir souffert de cela silencieusement, mais profondément, avec toute l'élite de mon pays, et voir soudain resplendir l'aube de la résurrection alors que je suis encore jeune et fort et que mon sang est prêt à jaillir, heureux, pour tous les sacrifices.

Je suis satisfait d'avoir été utile et même nécessaire à Nancy dans un moment difficile, où les événements n'auraient pas eu le même caractère si mes fonctions avaient été détenues par un homme ayant moins de sang-froid et d'esprit de décision. J'aurais été affecté s'il m'avait fallu quitter Nancy, moins d'un mois après mon arrivée, alors que le danger était grand et que j'avais beaucoup à faire.

Maintenant que mon rôle est terminé, il n'était pas admissible de s'attarder. Même utile, ma place n'était pas confinée dans un cabinet de travail. Ce n'est pas là qu'on participe suffisamment à une œuvre historique qui exige la collaboration des forces de tout un peuple. Il est des heures où il faut la grande collaboration anonyme mais vivante sous le grand ciel avec la jeunesse entière de son pays. Malheur à ceux qui ne sont pas là à ce moment !

Malheur aux intellectuels qui ne comprennent pas qu'ils ont eux un double devoir, un devoir sacré de mettre leurs bras et leurs poitrines à la même place que les bras et les poitrines de leurs frères, moins avancés qu'eux-mêmes dans la possession de la conscience nationale.

A nous, les privilégiés, les gardiens de la tradition, les transmetteurs de l'Idéal, d'exposer nos vies et de faire joyeusement le don de nous-mêmes pour le maintien, le prolongement, l'exaltation de toute cette beauté, de toute cette fierté que nous sommes les premiers à sentir, dont nous sommes les premiers à jouir.

Et demain, nous aurons l'orgueil de rendre à nos fils le prestige de leur race et de faire tressaillir de reconnaissance nos pères dans leurs tombeaux...

Lettre d'Emile ABGRALL, Officier mécanicien
à bord du Léon-Gambetta.

Cinq jours plus tard, le 27 Avril 1915, le sous-marin
autrichien U-5 torpillait le " *Léon Gambetta* " à cinq
milles de Sainte-Marie de Leuca. Émile ABGRALL
disparut avec le croiseur.

22 Avril.

Notre plus cher désir était d'aller charbonner à
Malte. Crac ! contre-ordre. C'est Navarin qui nous
réapprovisionnera. Mais à quel prix ! Les Grecs
vendent 35 francs les 100 kilos de patates. C'est la
guerre !

Reuter nous apprend une bonne nouvelle : les
Boches, qui avaient réussi à gagner du terrain près
d'Ypres, grâce à l'emploi d'explosifs asphyxiants,
ont été repoussés par les nôtres. Tout le terrain perdu
est reconquis. Bravo ! vivent les Poilus ! Quel coup
de main nous voudrions pouvoir leur donner.

Hier, des petits oiseaux sont venus nous rendre
visite. Ils se sont installés sur les caisses qui servent
de prisons à de jolis cochons roses et nous ont donné
un ravissant concert. Ils avaient peut-être passé l'hiver en Bretagne. Qui sait ! Tout l'équipage leur a

fait fête. Nous avons eu un instant l'espoir qu'ils allaient continuer à vivre notre vie. Hélas ! le soir venu, ils ont repris leur vol.

Reverrai-je un jour les oiseaux ?...

Embrasse bien pour moi Papa, Maman. Mais, surtout, ne leur donne pas connaissance de mes alarmes. Laisse-les croire que je navigue sur une mer d'huile, loin de tout danger. Si le sort nous désigne pour le grand voyage, ils apprendront bien assez tôt cette fâcheuse nouvelle. S'il est écrit que la famille doit perdre l'un des siens dans la tourmente, n'est-il pas juste que ce soit moi ?... Je ne laisserai ni femme, ni enfants.

Allons, adieu, cher Frère. Longues caresses à Raoul et à Joël.

Bien affectueusement à toi.

EMILE.

14 Juin.

MES CHÉRIS,

Ne pleurez pas. Pendant toute ma vie, j'ai été heureux autant qu'on peut le rêver, autant, je crois, qu'on peut le réaliser et c'est vous qui m'avez tout donné. Je vous ai aimés de tout cœur, de toutes forces. Peut-être aurais-je souffert plus tard, et je m'en vais pour la plus belle cause : pour qu'en France on ait encore le droit d'aimer. J'espère être tombé face à la victoire. Alors, c'est bien !

Moi qui aurais tant voulu ne jamais vous faire de peine ! Enfin, puisque je ne laisse ni haines, ni dégoûts, que tout m'a semblé beau et m'a été doux, je m'en vais encore heureux, puisque c'est pour permettre à d'autres de l'être. Comme c'était facile d'être heureux ! Dites-le à Jacquot.

Je vous aime et tout doucement je vous embrasse.

HENRI.

Dites encore à mes amis, à tous ceux qui, de près

ou de loin, m'ont un peu connu ou un peu aimé, que
je les remercie de m'avoir permis de m'en aller en
pouvant dire : « J'étais heureux ! »

HENRI.

*Lettre de Charles ADRIEN, Adjudant-Chef,
361ᵉ R. I., mort le 27 Mars 1916, à Verdun.*

MON CHER PETIT PÈRE,

Je suis heureux en ce jour de pouvoir t'adresser
du fond de mon cœur mes vœux et souhaits de bonne
fête.

Je sais que tu préférerais que tous tes gars soient
là pour te les exprimer de vive voix, mais sois bien
certain, où qu'ils se trouvent, qu'ils ne t'oublient
pas en ce triste jour qui devrait être si gai.

Les dures nécessités de l'existence nous imposent
ce triste moment ; soyons convaincus, cependant,
que bientôt tous réunis, de notre franc sourire, nous
ferons oublier à tous et à nous-mêmes ces mauvais
passages.

Ce 24 Juin 1915 ne se passera pas sans que les
pensées de mon cœur et de mon âme te soient adres-
sées, à toi, mon cher petit Père bien-aimé, qui sut
faire de nous des hommes.

Sans penser à ce que nous sommes en ce moment, sois fier de tes enfants et de toi-même, car tu les as faits d'un moral et d'une santé assez élevés pour qu'ils puissent passer le plus aisément cette dure épreuve.

Tu as donc pour ta part contribué à nous donner une bonne chance de revenir. Nous saurons trouver les autres.

Je souhaite que cette lettre t'arrive pour le 24, pour bien te marquer que nous pensons beaucoup à toi que nous aimons si tendrement.

J'espère que mon cher frère Baptiste, dans la dure épreuve morale qu'il traverse, ne doutera pas que nos pensées vont un peu vers lui aussi.

Ayons confiance qu'un jour proche nous retrouvera tous joyeusement réunis et que si nous avons raté nos fêtes de famille cette année, nous puissions faire celle du cœur et du bonheur de nous revoir.

Je t'envoie de ma tranchée nouvellement conquise, bien près des Boches qui nous marmitent en ce moment, ces petites fleurs que j'ai cueillies à Hébuterne avant de partir.

Puisses-tu trouver dans elles l'expression de mes plus tendres sentiments affectueux.

Ton fils,
CHARLOT.

*Lettre écrite par le Lieutenant ARNON, Maurice-
Eugène, du Groupe cycliste de la 6ᵉ Division de
Cavalerie, tombé à l'assaut de Launois (Vosges),
le 24 Juillet 1915.*

Le 23 Juillet 1915.

MON CHER ONCLE,

Demain, j'aurai le très grand honneur de monter
à l'assaut des tranchées ennemies, je commande
une des colonnes d'attaque et dois m'emparer d'un
blockaus garni de mitrailleuses et d'une maison cré-
nelée. Je ferai tout mon devoir et, si je tombe, je
vous demande de prévenir chez moi avec tous les
ménagements possibles ; c'est vous que j'ai demandé
d'avertir. Et, maintenant, courage !

En avant ! et vivent les chasseurs !

Bons baisers à tous.

MAURICE.

MAMAN ADORÉE,

On t'aura déjà prévenue lorsque tu recevras cette lettre.

Oui, Maman chérie, si ce mot t'est envoyé, c'est que je serai resté là-bas, sur la plaine, dans l'assaut formidable que la France a entrepris.

Il ne faudra pas pleurer, ma Maman bien-aimée. Souviens-toi que tu es Française avant tout et que la mort qui m'enlève est glorieuse entre toutes. Il faut être fière de moi car j'aurai fait mon devoir pleinement. Je veux mourir face à l'ennemi et non dans la tranchée.

Tu crois en l'immortalité de l'âme, Maman chérie, seule l'enveloppe terrestre périt, l'âme demeure plus belle, plus pure.

Sois heureuse pour ton fils. Je veux de là-haut voir ma Mère calme devant cette mort, assez forte

pour vaincre son émotion et pour dire encore : Vive
notre belle France !

Je veux voir de là-haut notre cher Pays débar-
rassé de ses ennemis et son peuple renaître plus
vigoureux et plus prospère.

Maman adorée, je reste auprès de toi. Frison
n'est pas loin. Que ma pensée te soutienne pour
être heureuse pleinement.

Adieu.

E. AUBER.

Lettre écrite par le Prêtre Marie-Dominique AU-BERT, 18ᵉ Section d'Infirmiers militaires, tombé au champ d'honneur, le 18 Novembre 1916, à Rancourt (Somme).

18 Novembre 1916.

...Je ne me fais pas illusion, je sais que je serai plus exposé au danger... mais aussi je pourrai remplir un ministère plus fructueux, assistant les pauvres blessés et mourants, leur donnant les secours de la religion, leur ouvrant les portes du Ciel et remplaçant en quelque sorte auprès d'eux leur famille absente.

Quel beau ministère pour un prêtre !

AUBERT.

*Lettre écrite par le Lieutenant Eugène AUBERT,
3ᵉ Génie, tombé au champ d'honneur, à Han-
nappes, sur le canal de la Sambre à l'Oise, le
31 Octobre 1918.*

26 Octobre 1918.

MES CHERS TOUS,

Je suis content ce matin, mais bien fatigué par
une reconnaissance qui m'a tenu toute la nuit jusqu'à
5 heures du matin, puis de 5 à 7 heures pour établir
mes plans et comptes rendus.

Enfin, j'ai passé une bonne nuit, je dis bien une
bonne, car je suis heureux, j'ai rampé dans la boue,
dans les orties, je me suis égratigné aux fils de fer,
mais j'ai pu faire une bonne observation de laquelle
va s'ensuivre un bon travail, je l'espère.

Ne vous en faites pas, tout va pour le mieux
puisque la nuit d'hier était pour moi la seule qui
portait des risques. Nous allons inscrire une autre
victoire au tableau.

Vive la France ! Santé parfaite.

J'espère que vous êtes tous très bien portants et,
en attendant de vos nouvelles, je vous embrasse tous
comme je vous aime.

Votre fils et frère,

E. AUBERT.

*Lettre de Lucien AUFRERE, Aspirant au 172ᵉ
Régiment d'Infanterie, blessé mortellement à
Bouchavesnes, le 26 Septembre 1916.*

CHER PÈRE,

Je t'écris à toi parce que tu es homme et que je
ne veux pas chagriner Maman.

Nous avons eu deux jours de repos. Ce soir, nous
montons à l'attaque. C'est nous qui percerons ; j'ai
le cœur plein de fierté et de confiance qu'une aussi
belle tâche nous ait été confiée.

Nous vaincrons.

Pendant plusieurs jours, vous ne recevrez pas de
nouvelles, l'avance ne permet pas des rapports très
suivis entre l'arrière et l'avant.

Enfin, Père, sois sûr que ton fils sera toujours au
chemin de l'honneur.

Tous mes baisers.

LUCIEN.

Je pense bien à Maman, comme je la plains.

Lettre écrite par le Caporal Georges ANFRIE, 158ᵉ Régiment d'Infanterie, tombé au champ d'honneur, le 25 Août 1914, à Menil-sur-Belville (Vosges).

Je vous embrasse tous fort, et si la chance nous est défavorable, ce ne sera pas un cas isolé et ce sera pour la plus grande France. Souhaitons que cela finisse bientôt.

Gardez-moi tous les documents que vous pourrez trouver sur la guerre pour que je voie un peu comment cela a marché. Jusqu'à présent, nous n'avons pas eu trop faim.

Envoyez-moi de l'argent, s'il ne vous est pas plus utile. J'ai repris froid dans ces tranchées par les nuits fraîches et je me complimente d'avoir emporté ma ceinture bleue.

Ne soyez pas trop en peine, ne voyez pas qu'un cas particulier. Il faut avoir du courage pour vaincre et vous ne pourrez faire que nous pleurer.

Je vous embrasse.

GEORGES.

*Lettre écrite par le Caporal Armand BAYLE,
109ᵉ Régiment d'Infanterie, tombé au champ
d'honneur le 24 Septembre 1915.*

BIEN CHERS TOUS,

C'est quelques heures avant le « Grand Coup »
que je trace ces quelques lignes, renfermant tout
mon espoir et tout mon cœur ! Un vague pressentiment me dit que, en même temps que beaucoup de
mes camarades, je suis appelé à y rester, sur ce
terrible plateau de Lorette, où je combats depuis
le mois de mars ! C'est ma destinée qui l'aura voulu.
Aussi ma dernière pensée est-elle pour vous, qui
avez toujours été si dévoués pour moi, vous qui
avez pris tant de peine, qui vous êtes tant privés
pour me donner l'éducation que j'ai en ce moment.
Aucun geste, aucune parole ne pourront vous remercier assez de tous les bienfaits dont vous m'avez
comblé : une reconnaissance éternelle, voilà malheureusement tous les remerciements que je puis
vous adresser ; car au moment où vous recevrez cette
lettre, je ne serai plus de ce monde.

Grande sera votre douleur, mais vous aurez une consolation. Votre fils sera mort en brave ; il sera digne de vous, vous pourrez parler de lui, car il aura mérité de la patrie. Quelle plus douce consolation, en des temps si cruels où la vie d'un homme ne tient à rien.

Adieu, bien chers tous ; que mon sacrifice soit pour vous un porte-bonheur. Ayez confiance comme je l'ai en ce moment, et que cette horde de sauvages soit bientôt acculée à la défaite.

Tous mes souhaits, tout mon cœur sont enfermés dans cette lettre, à laquelle je joins mes plus ardents baisers.

Votre malheureux fils,

ARMAND.

MA CHÈRE YVONNE,

Ne te fais pas de mauvais sang. J'ai bon espoir de te revoir, ainsi que mon cher Raymond. Je te recommande de te soigner, ainsi que mon fils, car, tu sais, je ne te pardonnerais jamais s'il t'arrivait quelque chose ainsi qu'à lui.

Maintenant, si, par hasard, il m'arrivait quelque chose, car, après tout, nous sommes en guerre et, ma foi, nous risquons quelque chose, eh bien ! j'espère que tu seras courageuse et sache bien, si je meurs, je mets toute ma confiance en toi et je te demande de vivre pour élever mon fils en homme de cœur et donne-lui une instruction assez forte et selon les moyens que tu disposeras.

Et surtout tu lui diras, quand il sera grand, que son père est mort pour lui ou tout au moins pour une cause qui doit lui servir à lui et à toutes les générations à venir.

Maintenant, ma chère Yvonne, tout ceci n'est que simple précaution et je pense être là pour t'aider dans cette tâche, mais enfin, comme je te l'ai dit, on ne sait pas ce qui peut arriver. En tout cas, nous partons tous de bon cœur et dans le ferme espoir de vaincre.

Pour toi, ma chère Yvonne, saches bien que je t'ai toujours aimée et que je t'aime toujours quoi qu'il arrive ; et j'espère que, quand je reviendrai, tu ne m'en feras plus jamais le reproche.

Aussitôt que tu le pourras, pars pour Fontenay, car, à mon retour, j'aimerai mieux te trouver là-bas et, encore une fois, je compte sur toi et tu seras courageuse et je ne te fais plus de recommandations car je crois que ce serait superflu.

Pour m'écrire, renseigne-toi, je suis au 369ᵉ d'Infanterie, mais au lieu du 5ᵉ Corps, c'est au 20ᵉ.

Ton petit homme qui t'embrasse bien fort ainsi que mon cher petit Raymond.

GEORGES.

*Lettre écrite par le Lieutenant BENDER, Robert,
3ᵉ Chasseurs Alpins, tombé au champ d'honneur
le 27 Août 1916.*

22 Août 1916.

CHÈRE MARIA,

Toujours en bonne santé, mais la vie est dure ;
malgré cela, santé et moral à la hauteur ; le marmi-
tage est terrible et tout voltige en l'air ; nous vivons
dans les trous d'obus. Nous avons largement la supé-
riorité, mais le travail sera dur ; dans tous les cas,
il ne faut pas reculer devant aucun sacrifice pour la
Patrie et la paix victorieuse. Vive la France ! Nous
ne serons tranquilles qu'au moment où les Boches
seront tellement bas qu'ils demanderont grâce, c'est
alors seulement qu'on pourra leur imposer notre
volonté sans pitié et surtout pas de paix boiteuse,
car tout serait nul.

Chère Maria, ne te fais pas de mauvais sang à
cause de moi, tu sais que je suis un soldat conscien-
cieux, je donne l'exemple à mes hommes dans le
danger comme en dehors, ma conscience est tran-

quille, je ne crains pas la mort, au contraire, je la
regarde bien en face ; si toutefois ma destinée est de
retourner près de toi, je retournerai ; si le bon Dieu
décide autrement, il n'y a rien à faire ; prie pour
moi et mes hommes, c'est tout ce qu'on peut faire ;
moi, de mon côté, si un malheur doit m'arriver, je
suis prêt. Hier soir, avant de partir, je me suis fait
donner l'absolution de notre aumônier, je suis tranquille ; si quelque chose doit m'arriver, il t'avertira
ou le médecin en chef à qui j'ai donné mon argent
et portefeuille. Haut le cœur. Vive la France !

C'est en face de la mort qui fauche autour de
nous que l'on sent revivre les sentiments de la foi la
plus vive. Dieu est vraiment là qui me protège et
me garde, mais je suis bien résigné à sa volonté :
s'il me conserve pour ma chère Maria et mon cher
Alexandre, je l'en remercie ; s'il juge que mon
sang et ma vie sont utiles à la France, je serai heureux de tout sacrifier pour la Patrie.

Voilà trois nuits que je ne dors pas, mais le
moral prime sur la fatigue et mes hommes sont merveilleux. Heureux ceux qui verront la victoire et le
retour de ma chère Alsace à la France.

Reçois de ton Robert les meilleurs baisers, caresses à Alexandre.

Tout à toi.

ROBERT.

Dernier adieu de BERT, Paul, Sous-Officier au 43ᵉ Régiment d'Infanterie, tué à l'ennemi, le 25 Septembre 1916, à l'âge de 19 ans.

ULTIMA VERBA

Priez pour moi.

A MES PARENTS

Si l'honneur du Pays, de ma jeune existence,
Immole à son salut les rêves d'avenir,
Que de ce sacrifice le noble souvenir
Eteigne en votre âme une injuste souffrance !

Surtout de l'holocauste ignorez le remords !
De me revoir aux cieux que le pieux espoir,
Ressuscitant ma vie à votre dernier soir,
Donne à vos cœurs meurtris le pouvoir d'être forts.

Ma dernière pensée sera pour tous ceux qui me sont chers, et pour mon pays qui bientôt sera le plus grand et le plus fier de tous.

A mes camarades, je demande de croire avec quelle fierté je me suis trouvé parmi eux et quelle affection j'avais vouée à notre cher régiment. Qu'ils pensent à moi quand on sonnera au Drapeau.

Je demande, et ceci est ma dernière volonté, qu'on ne pleure pas ma mort. C'est un honneur de pouvoir donner sa vie pour une cause aussi belle que la nôtre ; et mes enfants se souviendront, je l'espère, que leur père est mort au champ d'honneur.

On doit envier ceux qui sont tombés comme moi en soldat, face à l'ennemi. Nous monterons, nous autres morts, la garde éternelle et notre souvenir rappellera aux vivants qu'on ne doit jamais désespérer et que le droit primera toujours un jour ou l'autre la force.

Je prie Dieu qu'il m'accorde, si telle est sa volonté, de tomber au delà de la frontière, la vraie, celle d'au delà du Rhin !

Je laisse ma femme libre de disposer de mon corps comme elle l'entendra. J'aurais voulu reposer parmi mes hommes, mais je n'ose lui demander ce dernier sacrifice et la laisse libre de me faire inhumer à Reims dans notre caveau.

Vive la France !

Lettre écrite par le Caporal Robert BERTRAND,
407ᵉ Régiment d'Infanterie, tombé au champ
d'honneur, en Artois, le 28 Septembre 1915.

CHERS PARENTS,

Quand vous recevrez cette carte, je ne serai plus de ce monde ; je l'écris quelques minutes avant l'attaque et ce n'est pas sans émotion que je m'entretiens pour la dernière fois avec vous.

J'ai chargé un fidèle ami de vous la faire parvenir ; il vous narrera aussi mes dernières heures de vie.

Une recommandation : n'écrivez à personne pour vous renseigner à mon sujet, car on pourrait apprendre que c'est lui qui vous a annoncé ma mort, ce qui est formellement interdit.

Bien chers parents, j'ai le cœur bien gros en songeant à tous les bienfaits dont vous m'avez comblé et qu'une vie trop courte m'a empêché de vous rendre.

Je vous embrasse de tout mon cœur, chers aimés, et quand je serai là-haut, près de la chère maman, je veillerai sur vous, comme elle veillait sur nous.

Ne nous oubliez pas dans vos prières, ne vous laissez pas abattre par ce malheur : c'est la destinée.

Faites comprendre à tous ceux qui vous parleront de moi que je n'ai fait que mon devoir en empêchant l'envahisseur de venir vous inquiéter.

Je donne gaiement ma vie, en songeant que c'est une façon pour moi de racheter tous les sacrifices que vous vous êtes imposés.

Ne me pleurez pas trop, mais songez à moi.

Allons, le devoir m'appelle, j'y cours. Encore une fois de gros baisers.

Vive la France !

ROBERT.

Dernière lettre du Sergent Louis BIELER, 238ᵉ Régiment d'Infanterie Coloniale, disparu au combat de la Main-de-Massiges, le 25 Septembre 1915.

24 Septembre 1915.

MON CHER PÈRE ET MON CHER CHARLEY,

J'ai bien reçu vos bonnes lettres. Merci pour vos encouragements. Je les porte gravés dans mon cœur. Mon régiment attaque demain et ma compagnie est en première ligne. C'est vous dire, mes bien-aimés, que je touche à l'une des heures les plus solennelles de ma vie. Soyez sans inquiétude, j'ai fait ma paix avec Dieu, j'ai confiance en Lui et j'espère en sa bonté. Lui qui sonde les cœurs sait que j'ai horreur du sang. Je vais à la lutte sans haine contre nos ennemis, mais pour remplir mon devoir de bon Français, de soldat de la Liberté et de bon chrétien. Puissent les flots de sang généreux versés pour une cause sainte être le signal d'un magnifique renouveau pour notre France meurtrie... et puisse la paix du Seigneur régner à jamais entre les hommes.

Au revoir, mes bien-aimés. Merci pour votre bonne et réconfortante affection. Priez Dieu pour moi et pour votre fils et frère bien-aimé André et recevez les plus affectueux baisers de votre fils et frère.

LOUIS.

Lettre écrite par le Sergent Isaac-Henri BIS-MUTH, Régiment colonial du Maroc, tombé au champ d'honneur, le 24 Octobre 1916, au fort de Douaumont.

8 heures du matin.

Au front, le 22 Octobre 1916.

CHER FRÈRE,

Je crois que c'est la dernière lettre que je t'écris. Je pars aujourd'hui, à 10 heures, en auto, à Verdun, et je monte probablement en ligne cette nuit. On attaquera dans deux ou trois jours, je t'assure que je ferai du bon travail ; on attaque pour prendre le fort de Douaumont. Eh bien ! on le prendra, on le gardera, et en plus, les Boches, on les aura.

Je laisse le caoutchouc que Mme Sebah a bien voulu me payer, chez une bonne femme qui habite Stainville ; s'il m'arrive un malheur, tu le réclameras. Voici son adresse : Mme Gallois, rue Nationale, 57, Stainville (Meuse).

Je pars avec enthousiasme et espoir de vaincre ; j'ai une mission à remplir, je la remplirai jusqu'au bout.

J'ai confiance en notre victoire et je t'assure
qu'on aura l'avantage.

Donne bien le bonjour, etc.

Ton frère,

Henri BISMUTH.

28 Février 1915.

MA TENDRE JEANNETTE,

Voilà quelque temps que je n'ai pas reçu de tes nouvelles, mais j'ose espérer qu'elles sont, comme les miennes, toujours bonnes. La température est un peu froide, il tombait un peu de neige au lever du jour, mais cela ne durera pas peut-être. C'est aujourd'hui dimanche. Les cloches tintaient délicieusement ce matin. Nonobstant le cliquetis des armes qui évoque le bruit des combats, elles n'en conservaient pas moins leur douce mélancolie et leur esprit évocateur. Leur mélodieuse voix, qui est celle de la famille, parlait à nos cœurs et c'est par elle que vos inspirations et vos vœux me sont parvenus. Oui, la France se bat sans méchanceté ni sans haine et c'est pour cela qu'elle aura la victoire.

Dans cet espoir, je t'embrasse éperdument, ma chérie, ainsi que mes chers enfants si sages et si beaux.

Henri BONHOMME.

Lettre écrite à ses jeunes élèves par l'Adjudant Henri BOULLE, Instituteur, tombé au champ d'honneur le 1ᵉʳ Janvier 1915.

31 Décembre 1914.

MES CHERS ENFANTS,

Nous voici arrivés à la fin de cette année 1914, qui aura sa place dans l'Histoire du monde.

Nous avons vécu le premier semestre ensemble, travaillant paisiblement, côte à côte, dans le calme et la paix.

Depuis Juillet, nous sommes séparés ; et tandis que, grâce à l'héroïsme de nos troupes, vous pouvez continuer vos études dans la quiétude d'une ville préservée de l'invasion, je vis, pour ma part, au milieu d'horreurs inimaginables.

Maudits soient à jamais ceux qui, par orgueil, par ambition ou par le plus sordide des intérêts, ont déchaîné sur l'Europe un tel fléau, plongé dans la plus effroyable misère et ruiné à jamais peut-être tant de villes et de villages de notre belle patrie !

Maudits soient à jamais ceux qui portent et por-

teront devant l'Histoire la responsabilité de tant de
souffrances et de tant de deuils.

Les siècles futurs flétriront leur mémoire. A nous,
une autre tâche incombe.

Nous autres soldats, défenseurs de nos libertés et
de nos droits, il nous faut redoubler d'énergie et de
ténacité pour chasser à jamais de notre pays un
ennemi qui a accumulé tant de malheurs. Il nous
faut garder intacte la foi en la victoire finale, qui
sera le triomphe de la justice. Il nous faut être prêts
à risquer chaque jour notre vie dans les plus terribles
des combats, prêts à endurer à chaque heure mille
souffrances morales et physiques.

Tous ces sacrifices, nous les consentons avec
bonne humeur, pour arriver au succès définitif.

Nous saurons garder aussi pieusement la mémoire
des camarades qui, par centaines, tombent à nos
côtés. Et rappelez-vous que le patrouilleur qui risque
sa vie dix fois, pour fournir un renseignement à son
chef, lequel aidera à la victoire, mérite notre admiration au même titre que le plus habile de nos
généraux.

Mais vous aussi, mes chers amis, avez aujourd'hui
votre devoir tracé. Songez que vous êtes l'espoir
de demain. C'est votre jeune génération qui devra
remplacer vos aînés tombés au champ d'honneur.

N'oubliez pas que notre France fut de tout temps
à la tête du monde civilisé. C'est elle qui toujours,
au cours des siècles, a fourni au monde les plus

grands génies : artistes, savants, littérateurs, penseurs de toutes sortes. Cette renommée intellectuelle, artistique, morale de la France, c'est à vous, demain, de la soutenir. Le plus humble artisan, s'il apporte dans son travail quotidien tout son cœur et tout le goût de sa race, a contribué à cette tâche.

Ecoliers, étudiez donc courageusement en classe. Adolescents, complétez après l'école votre instruction primaire. Adultes, travaillez sans relâche à votre éducation professionnelle. Montrez demain au monde que la saignée qu'il a subi n'a point appauvri notre race. Montrez-vous dignes de vos aînés, de ceux qui relevèrent notre nation abattue au temps de l'invasion normande comme au temps de Jeanne d'Arc, au début du XVIIe siècle comme aux temps héroïques de la Révolution ou après l'année terrible de 1870.

Quelle que soit l'issue de la guerre actuelle, il faut que le génie français vive ! Nous autres qui avons fait joyeusement le sacrifice de notre vie et qui demain peut-être serons morts, nous comptons sur vous pour cela, et nous vous léguons cette tâche avec confiance.

Et, puisque nous voici au terme de l'année 1914, faisons tous ensemble des vœux pour que bientôt reviennent dans notre beau pays, avec la victoire, la paix, le travail et le bonheur.

A tous au revoir et mon souvenir ému.

H. BOULLE.

*Lettre écrite par le Sergent-Agent de liaison Félix
BREST, 415ᵉ Régiment d'Infanterie, tombé glorieusement, face à l'ennemi, le 27 Septembre
1915.*

24 Septembre 1915.

C'est demain que nous faisons l'attaque. Priez
bien pour la France... et pour que le sang qui sera
versé ne le soit pas inutilement. Je communierai ce
soir, n'ayant pu le faire ce matin.

Lettre écrite par André BREVAL, tombé au champ d'honneur, à Nieuport (Belgique), le 24 Janvier 1916.

19 Janvier 1916.

MA CHÈRE MAMAN,

Je t'envoie cette petite chose que j'ai faite ce soir en pensant beaucoup à toi. Je ne t'ai jamais donné de vers ; ce sont les premiers ; garde-les bien. Je les aime encore qu'ils soient médiocres, mais je les pense et cela me suffit.

Ma mère, il fait un soir triste et pénible et noir,
La solitude est âpre et grave et monotone...
Je rêve doucement, et puis, soudain, m'étonne
De l'image qui naît et qui rit dans le soir...
Je regarde et lui ris à mon tour... C'est toi-même,
C'est toi dans le petit chez nous... Sous l'humble toit
Je te revois, gaîment réelle... C'est bien toi,
Ma mère, une bien vieille amie à moi que j'aime.

Je t'évoque là-bas sous la lampe... Il est tard...
J'évoque ton image, et joyeux m'en pénètre.
Tu travailles... tu lis... tu couds... Ton cher regard
S'absorbe en tout... médite et s'attache... Peut-être
Cherches-tu dans ton cœur encore une bonté ?
Déjà, vois-tu, je ne me sens plus attristé :
Je pense à toi qui n'as pas de vérité feinte,
Je pense à toi qui dois m'attendre impatiente,
Je pense à toi plus chère encore dans l'attente,
Oh ! ma Maman, je crois en toi, ma bonne sainte.

André BREVAL.

Testament fait le 4 Mai 1915 par le Soldat Maurice BRIOT, tombé au champ d'honneur le 9 Juin 1915.

MES DERNIÈRES VOLONTES...

J'espère que ce carnet tombera entre les mains d'un frère et qu'il le fera parvenir à ma femme à qui je le dédie.

Je laisse à ma femme tous mes biens, propriétés bâties et non bâties.

Je lui reconnais comme sa propriété personnelle tous les meubles, le linge et les effets qui ont été achetés avec son argent personnel et en communauté.

Je lègue à ma filleule Renée Bernard la somme de 1.000 francs (mille francs) due par mon oncle à moi.

J'ai l'espoir que l'argent que je dois à mon père ne sera pas réclamé à ma femme. Je laisse le soin de payer mes dettes par ma femme sur ce que je lui laisse.

Ma dernière pensée sera pour tous ceux qui me sont chers, pour ma femme d'abord, puis mon père et tous les miens que ma mort pourrait attrister.

Je pardonne à tous ceux qui m'ont fait du mal et je remercie ceux qui m'ont fait du bien.

Je demande pardon à tous les miens pour toutes les peines que j'ai pu leur faire.

Je veux que ma mort n'achève pas la vie de ma femme. Je veux qu'elle se remarie avec quelqu'un qui l'aime comme je l'ai aimée, et qu'elle soit heureuse, à moins que, trop attristée de ma mort, elle consacre sa vie auprès de mon père qui mérite beaucoup d'affection.

Je tiendrais à ce que mon corps ou les débris de mon corps soient transportés dans le petit cimetière de Jardres, près de ceux qui me furent chers, et que l'on dépose sur ma tombe les fleurs que je préfère. Mais je tomberai peut-être entre les lignes, où les rats et les corbeaux se disputeront mes dépouilles, alors je serai enfoui dans la fosse commune.

Je veux que l'on pense quelquefois à moi comme l'on pense à un ami qui voulait vivre et qui maudit cette guerre qui m'a fauché avant de connaître la vie, en pleine santé et en pleine force.

Lettre écrite par Robert CAMUS, Sergent, 408ᵉ d'Infanterie, blessé mortellement le 3 Octobre 1918.

27 Août.

Cher Papa,

Dans ton mot du 15, tu me disais que Marcel Blondin était en permission et qu'il portait le galon de sergent automobiliste. Tant mieux pour lui, c'est un poste de toute sécurité. Je conviens qu'il a une belle chance. Quant à moi, j'estime que je suis à la place qui convient à mon âge et à ma situation. D'ailleurs, je n'ai nullement le pouvoir d'en changer. J'ai aussi comme une fierté de la souffrance qui le plus souvent est la compagne de l'homme sur la terre. Et j'ai confiance dans le retour pour vous revoir et vous aimer.

Trouve ma chance égale à tout autre puisque je suis demeuré intact au milieu des plus fortes tempêtes.

Ici, le secteur continue d'être tranquille. L'avant-dernière nuit, j'ai eu un poste d'inquiété par une

patrouille, mais quelques grenades ont suffi pour
la mettre en fuite.

Le temps a changé quelque peu. Nous avons eu
deux orages. Les nuits se font déjà fraîches, surtout
dans la vallée qui s'emplit de brouillard.

Je suis heureux que vous ayez terminé la moisson
par un temps favorable.

Je vous embrasse tous de tout mon cœur.

Ton fils dévoué,

ROBERT.

Lettre écrite par Roger CAUVIN, 153ᵉ Régiment d'Infanterie, tombé au champ d'honneur, à la bataille de Verdun, le 9 Avril 1916.

4 Avril 1916.

MON TRÈS CHER PETIT PÈRE,

MA TRÈS CHÈRE PETITE MÈRE,

Nous partons demain pour les tranchées.

Avant de « monter là-haut », comme on dit, je voudrais effacer par mes paroles, sinon par mes actes, les tourments que j'ai pu vous avoir causés.

5 Avril 1916.

Hier soir, je me suis confessé et ce matin j'ai communié. J'ai demandé pardon à Dieu de mes fautes et aussi je lui ai crié mon amour.

A vous aussi, mes bien chers parents, je dois crier que je vous aime et que, après Dieu, vous êtes mes seules grandes affections.

Lorsque j'étais petit, vous vous êtes souvent privés pour moi et vous n'avez jamais hésité à faire un sacrifice pour me rendre heureux. Que de travail petite mère n'a-t-elle pas fait. Depuis vingt ans, petit père se fatigue à travailler le soir pour moi.

Devant tant de dévouement et d'amour paternels et maternels, je n'ai montré souvent qu'ingratitude et désobéissance, que mauvaise humeur.

Malgré mon attitude froide, ne croyez pas que néanmoins la plus tendre affection n'existait pas chez moi. Avec l'expérience et l'âge, j'ai appris à vous connaître et à vous aimer. Je vous ai comparés aux autres parents. J'ai toujours trouvé que vous étiez les meilleurs et surtout ceux qui voyaient le mieux l'avenir de leur enfant.

Cette lettre vous arrivera si un accident m'arrivait. Gardez un bon souvenir de votre enfant cher qui vous aime de toute son âme et qui fut vraiment heureux entre petit père et petite mère.

Je vous remercie de vos prières pour que Dieu me conserve. Que Dieu vous bénisse !

Votre enfant qui vous embrasse mille fois tous les deux et qui pense toujours à vous.

ROGER.

*Lettre écrite par le Sergent François CAYROL,
2ᵉ Zouaves, tombé au champ d'honneur.*

5 Juin 1916.

MES CHERS PARENTS,

Je vous ai écrit hier à mon arrivée et avant-hier pendant mon voyage. Je suis en bonne santé ; je suis bien reposé ; je suis maintenant tout à fait à mon aise. Comme je vous l'écrivais hier, il y aura bientôt un renfort pour le front ; je dois en faire partie. Deux officiers de ma compagnie y participeront aussi ; je suis content de cela car ils savent ce que je peux valoir et sûrement ils me garderont auprès d'eux.

Le départ de ce renfort est très proche, peut-être aura-t-il lieu après-demain. Ainsi mon désir va être exaucé ; j'aurai attendu, contrairement à mon attente, sept mois pour affronter à nouveau les dangers de la lutte. Cette perspective me réjouit ; je ne serai vraiment qu'au combat à mon poste véritable de soldat.

Ne soyez pas en peine pour moi ; car s'il y en a bien un qui doive être en peine, c'est moi. J'ai confiance en ma destinée ; même si ma vie devait être ravie, je n'en exprime aucun regret, car je l'ai offerte en sacrifice à Notre Souverain Créateur, pour le salut de notre chère France, de notre Patrie bien-aimée. Je suis heureux infiniment de pouvoir, présentement, faire ce que le devoir me trace. Je suis infiniment heureux de pouvoir, à l'époque actuelle, me battre pour une noble cause.

Deux honneurs au lieu d'un : défendre sa Patrie et combattre pour les principes sacrés et intangibles de la liberté et de la justice.

Ne devons-nous pas remercier Dieu de l'occasion qu'il nous donne de l'aimer. Oui, à mon avis, répandre son sang et accepter la douleur, pour une fin juste, c'est faire un présent agréable à Dieu. C'est lui témoigner qu'il ne nous a pas mis en ce monde en vain.

Placés au carrefour de deux chemins, la voie du bien et la voie du mal, nous avons choisi la voie épineuse du bien, car c'est la seule qui nous permette de goûter aux joies pures durant les haltes pendant lesquelles nous nous arrêtons pour poursuivre plus sûrement notre route.

Nous souffrons en ce monde, mais la souffrance nous purifie. Un être qui souffre excite la pitié et c'est par la pitié que nous obtenons le pardon de nos fautes. Oh ! la pitié ! comme c'est beau ! Est-il un sentiment plus beau que celui-là ? C'est lui qui, jusqu'à présent, m'a remué le plus profondément le cœur. C'est lui qui éclaire beaucoup d'âmes et qui incite aux nobles résolutions.

Ces pensées-là, que j'exprime tranquillement dans la solitude, j'ai tenu à vous les communiquer à une époque décisive de mon existence. Pendant la guerre, jusqu'à présent, j'ai pris deux décisions graves.

La première a été de défendre mon pays comme tous les Français l'ont fait au début de la campagne, ou tout au moins comme la plupart l'ont fait, c'est en bon fils de la Patrie, soucieux de la sauver d'un grand péril.

La deuxième a été de recommencer, non plus dans les mêmes conditions. C'est, maintenant, en possession de mon libre consentement. Aux yeux du monde, j'avais fait ce que je devais, et la blessure grave que j'avais reçue me dispensait de retourner sur la ligne de feu. Ma retraite à Belgrade aurait pu durer très, très longtemps, ma position me paraissait assez fixe pour une durée très longue, peut-être pour jusqu'à la fin de la guerre. Cependant, ma conscience me disait que ça ne suffisait pas. La France était toujours en danger et avait besoin plus que jamais de l'aide de tous ses fils. Certes, la résolution prise alors a été pénible dans ses suites. J'ai eu des heures de découragement et de lassitude. Comme le dit si bien l'Evangile, « Le vent

brûlant du désert souffle souvent dans le cœur de
l'homme et le dessèche. Mais il y subsiste toujours
une petite fleur ». A plusieurs reprises, des occa-
sions se sont présentées pour me soustraire à ce que
je considère comme mon devoir. Maintenant, rien
ne paraît s'opposer à son accomplissement. Aimer
et servir ses parents plus que son prochain, aimer et
servir sa Patrie plus que ses parents.

Je vous embrasse tous bien, tous bien fort.

Votre fils qui vous aime bien tendrement,

FRANÇOIS.

Lettre écrite par le Conducteur André CHA-PELLE, de la S. S. 104, tombé au champ d'honneur.

...Dire que nous croyions avoir tout vu dans l'Artois ! Cela me paraît peu de chose auprès de la vie que nous allons mener ici !... Boue, rafales de grésil, froid, pluie qui cingle, vent glacial, brouillard, les marmites par-dessus tout cela ! Et toujours en pleine nuit, sans aucune lanterne, naturellement. Il y a bien les fusées qui illuminent *à giorno*, mais c'est plutôt une gêne qu'une aide. Le meilleur, c'est encore Astarté, reine du Ciel. Malheureusement, c'est huit ou dix jours par mois. Aussi, nous continuons à suivre des yeux le calendrier, comme dit Bugeon. Je te prie de croire que nous sommes au courant des phases de la lune ! Quant aux routes, défoncées, pleines de trous, ça ne change pas ; première vitesse et du cinq à l'heure ! Souvent, quand on revient, on ne peut plus passer : un 210 a coupé

le chemin. Hier, avec un camarade, nous étions
ainsi de chaque côté d'un entonnoir. Que faire ? Et
moi, j'avais des blessés ! Il a fallu chercher un
détour : cela a duré deux heures ; pauvres malheureux blessés, avec ce froid !... Mais tu connais tout
cela, et l'immobilité qui vous glace, et le morceau
de viande gelée avec un quignon de pain, et les
nuits dans les postes, avec le tintamarre du canon,
et les quelques heures de sommeil (!) dans quelque
coin, enroulé dans une couverture mouillée ; je me
demande comment nous résistons... Nuits de front,
les fusées, les cris lointains, les fusillades subites,
l'inquiétude, la fièvre, les plaintes des blessés, et
puis ces minutes d'exaltation de tout l'être, où l'on
accepte... Car nous autres, comment flancherions-
nous, quand nous voyons tous ces pauvres camarades
que nous transportons, dont nous tenons la vie entre
nos mains, et qu'un coup de volant heureux peut
sauver en les faisant arriver cinq minutes plus tôt sur
la table d'opération ! Mais je crois bien que je vais
me vanter ! à toi !... Et puis, je suis de ton avis,
est-ce que cela existe auprès des fantassins ? Eux,
eux seuls, et voilà tout. Et dire que Paris ne se
rendra jamais compte !... Moi, quand je les vois,
je me dégoûte et je m'injurie. Enfin, quoi faire ?
Tu as le bonjour de Charles Brémond, etc...

Lettre d'André CHASSEIN, Soldat au 149e Régiment d'Infanterie, arrivé du Brésil le 16 Mars 1915, parti au front le 18 Juin 1915, mort un mois après, le 17 Juillet 1915, à Angres (Pas-de-Calais).

Parents chéris,

Je fais suite à ma lettre d'aujourd'hui pour vous annoncer que l'ordre vient d'arriver qui nous envoie en deuxième ligne, dans les abris souterrains ; nous serons là pour appuyer immédiatement les lignes avancées du feu et prendre leur place dans deux, trois ou quatre jours. Nous quittons nos cantonnements de semi-repos ce soir, à 8 heures et, dans quelques heures, je serais, avec mes camarades, prêt à entrer dans la fournaise.

Il vient de pleuvoir mais le temps de ton grisaille est redevenu clair ; aussitôt l'artillerie a recommencé de plus belle, et en ce moment les « marmites » boches tombent très près de nous.

Je crois qu'il est inutile de vous répéter que je pars avec toute confiance et que j'espère fermement être parmi vous pour célébrer et nous réjouir de la

victoire finale. Mais si la chance vient à m'abandonner et que je reste dans la glorieuse lutte, je
vous en prie, consolez-vous à l'idée que ce sacrifice
était nécessaire et que j'aurai su mourir vaillamment pour notre pays et notre cause. Vous verrez
qu'en somme, la rançon du sang est bien minime,
car combien sont au feu dans notre famille pour
défendre notre nom contre l'ignoble brute qui nous
a attaqués ?

Soyez forts si une telle épreuve vous était réser-
vée, mais au moins vous pourrez relever la tête avec
fierté et dire : Il a su faire son devoir...

Je ne veux pas vous donner des idées tristes et
vous faire de la peine, mais ces quelques lignes
étaient nécessaires : un homme doit savoir regarder
froidement devant lui et envisager courageusement
toutes les hypothèses. Nous sommes à une époque
où il faut être pratique et même matériel. Donc, si
j'ai été obligé de vous exposer tout ce préambule,
c'est pour vous dire que tout ce que je possède vous
reviendrait entièrement dans un tel cas. Je ne ferais
que vous retourner ce qui vous appartient : n'est-ce
pas là le fruit de l'éducation et des soins que vous
m'avez donnés ? Il n'y a aucun doute et je vous en
dois encore une reconnaissance infinie, que mes
plus profonds remerciements ne sauraient exprimer
suffisamment.

Vous trouveriez également dans mes papiers une
sorte de testament qui ne ferait que développer ce

que je vous ai dit plus haut en une ligne. Et, pour
avoir une idée plus complète des trois années que
j'ai passées au Brésil, ouvrez toute ma correspondance, parcourez-la, de même qu'un livre à couverture verte sur lequel j'avais eu un jour la préten-
tion de prendre des notes et d'en faire une sorte de
Journal. Dans mes boîtes de clichés, vous trouverez
quelques photos de moi qui ne sont pas trop mau-
vaises, vous choisirez et pourrez vous en servir.

Voici maintenant exposé tout ce que je pouvais
avoir à vous dire. Je ne laisse rien derrière moi qui
ne se comprenne et j'ai pris toutes mes dispositions ;
après un long baiser, le plus grand qu'un fils affectueux puisse envoyer à ses père et mère chéris,
j'appartiens maintenant à la France ; puisse-t-elle
me ramener sain et sauf et victorieux si c'est la
volonté du Tout-Puissant.

André CHASSEIN.

MA MAMAN ET MA MÉ ADORÉES,

Si ce mot vous parvient, c'est qu'un événement bien triste vous sera arrivé et qu'il me sera arrivé malheur. Supportez avec courage, je vous en supplie, cette nouvelle épreuve que le Ciel vous envoie et ayez de la fermeté, c'est la plus grande joie que vous pourriez me causer. Je suis tombé pour sauver la France envahie et gravement menacée ; je serai tombé au champ d'honneur pour elle, pour tous et pour ne pas laisser tant d'amis et de Français sans vengeance. Soyez braves et songez que la mort ne m'effraie aucunement. Je suis prêt pour paraître devant Dieu ; c'est même un bonheur qu'il m'ait appelé en de si bonnes conditions. Pardonnez-moi si je vous ai causé quelquefois de la peine, je m'en repens ; pardon pour tous ceux que j'ai pu offenser

Je vous embrasse toutes deux le plus fort de mon
cœur, ainsi que Clémentine toujours bonne.

Marcel CLAROT.

Je mourrai en songeant à Dani, à vous et à Dieu.
Adieu à tous mes parents.

*Lettre écrite par le Sous-Lieutenant Paul COLIN,
18e Bataillon de Chasseurs à pied, tombé au
champ d'honneur, à Douaumont, le 20 Avril
1916.*

13 Avril 1916.

Ne jamais exécuter un ordre sans avoir reçu le contre-ordre, principe très militaire, une fois de plus vérifié ! Le Bataillon, subitement arrêté dans sa marche vers le repos, a été envoyé de l'autre côté de la Meuse et maintenant nous attendons les événements dans une ancienne grande ville. Quand vous recevrez cette lettre, il est probable que nous serons cette fois au repos pour de bon, car notre séjour ici doit être court.

Je viens d'assister et de prendre part à une cérémonie touchante. Nous pouvons monter en ligne d'un moment à l'autre, peut-être cette nuit, peut-être demain, peut-être dans plusieurs jours. L'aumônier a dit ce soir, à 7 heures 30, une messe « des vivants et des morts », comme il a dit en commençant. Un sermon court comme il sait en faire et sachant remuer le cœur de tous, officiers et hommes, effrayant peut-être un peu sous l'habit bleu, mais amenant quand même un regard de fierté et une petite larme à l'œil de ces braves chasseurs. « Nous sommes à Pâques, dit-il... ceci est une messe de Pâques... Pâques dont vous vous souviendrez... Pâques de guerre... Pâques de lutte ! ! Jour d'union, je dirai plus, jour de communion. Pour communier, il faut être à jeûn, il faut se confesser... Vous sortez de table et vous n'avez pas le temps de vous confesser... à l'impossible nul n'est tenu... que ceux qui veulent recevoir l'absolution s'agenouillent. » Et, dans un mouvement sublime, l'église (ou plutôt la grange, car de la cathédrale il ne reste qu'une cloche intacte au milieu des décombres) l'église entière s'est agenouillée, et d'une voix qu'il affermissait à grand' peine, l'aumônier a donné l'absolution à tous ces hommes, puis la communion... « Votre musique, c'est le canon », avait-il dit à un moment de son prône, et, en effet, en ce moment, l'artillerie faisait rage ! Puis la messe s'est terminée au milieu des cantiques.

De nouveau, l'aumônier prit la parole : « Mes enfants, j'ai oublié quelque chose, j'ai oublié votre pénitence, la voici : allez ! et battez-vous bien !» Et la grange s'est vidée dans un silence de mort, et en sortant j'ai entendu cette réflexion venue je ne sais d'où : « Heureux ceux qui croient ». Oh ! comme il a dit vrai ! dans un pareil moment, tout est beau...

J'avais vu des messes impressionnantes, j'avais vu
des choses bien dures, jamais je n'ai été ému comme
je viens de l'être... et tout le bataillon était là.

Que vous dirai-je maintenant ? La confiance illi-
mitée dans laquelle je suis en ce moment. Il me
semble que je vais à une simple promenade et j'y
vais le sourire aux lèvres ! ! !...

Embrasse.

A quand la prochaine lettre ?

PAUL.

MES PARENTS BIEN-AIMÉS,

Si cette lettre vous tombait entre les mains, c'est qu'Eloi, votre fils, ne serait plus. Si ce malheur arrivait, ne me pleurez pas car je n'aurais fait que mon simple devoir que j'avais à cœur d'accomplir et pour lequel je vous ai fait tant de peine. La seule chose que je vous demande, c'est de me pardonner la peine que je vous fis en voulant m'engager.

Bénissez et priez pour moi.

Je m'arrête, car ces lignes vous broient le cœur. Courage, la victoire est à nous et vive notre chère Patrie !

Mes derniers baisers à vous tous que j'ai tant aimés. Adieu et vive la France !

COLIN.

Lettre écrite par César COLOMA, 5ᵉ Régiment d'Infanterie, tombé au champ d'honneur, le 23 Janvier 1917, à Troyon.

Cher Papa,

Nous venons du repos ; maintenant, nous voici dans les tranchées, les obus, les marmites ne cessent pas de nous passer sur la tête, mais on y est habitué, et puis il faut marcher. Et que je sois tué ou blessé, c'est toujours pour la Patrie.

Ma chère Maman, ne t'en fais pas pour moi, si je ne reviens plus, c'est pour Dieu et pour la France que je le fais ; en avant et bon courage, et puis encore un mot, je te défends de t'habiller en noir, cela n'est pas nécessaire.

Papa, ne t'en fais pas, c'est pour la France.

C. COLOMA.

Lettre adressée par Auguste COMPAGNON, Sergent au 56ᵉ Régiment d'Infanterie, tombé au champ d'honneur en allant secourir un camarade blessé, à Somme-Suippes, en Champagne, le 7 Octobre 1915, au Président de l'Association de la Presse Chalonnaise, à propos de félicitations envoyées par cette Association.

10 Mars 1915.

...Mon mérite est si mince ! C'est d'avoir fait, mes chers et braves amis, ce que vous auriez tous fait à ma place, dans l'ardeur de votre patriotisme, qui n'est pas inférieur au mien, bien au contraire. Si l'âge, si un état de santé précaire ne vous avaient contraints de rester à l'arrière, tous vous étiez prêts à marcher de l'avant, comme moi, et plus vite que moi, et à faire, vous aussi, de vos poitrines généreuses, un rempart à la mère Patrie.

Mais vous ne l'avez pas pu, et c'est moi le plus privilégié de vous tous ; j'admire comment le grand bonheur que j'ai d'avoir pu faire mon devoir peut m'attirer, au surplus, des félicitations aussi douces que les vôtres.

Combattre pour la plus noble des causes : être de la grande foule des défenseurs du plus beau des

pays, être du côté de la justice et de l'Humanité
contre le plus barbare des envahisseurs : figurer, —
oh ! bien obscurément, — mais figurer tout de même
dans le plus grand drame de l'histoire ; avoir le
moyen de centupler la valeur de sa vie misérable,
en l'immolant, s'il le faut, au triomphe de tout ce
qu'il y a de plus précieux en ce monde, quel destin
inespéré, mes amis, et combien il nous dédommage
amplement de tous nos sacrifices, nous qui avons pu
être les combattants !

A. COMPAGNON.

Celui qui tombe à l'ennemi ne meurt pas.

Si j'ai cet honneur insigne, je ne veux pas qu'on me pleure.

En faisant part de ma « perte glorieuse », on dira devant mon nom, mon grade et puis mes titres civils de licencié et diplômé de l'H. E. C., le tout suivi de la mention « tué à l'ennemi ». Pas de flaflas, champ d'honneur, etc., la vérité, c'est tout.

On respectera la tombe de fortune que la bataille m'aura donnée. Sur nos tombeaux de famille, mon nom et l'endroit où je dormirai.

En face de mon nom, sur l'Annuaire H. E. C., on fera mettre la lettre « T » en italique et on demandera que cette indication remplace le « D » habituel pour tous les camarades tués à la guerre.

Mon deuil ne sera rien auprès de celui de l'Alsace-Lorraine pendant quarante-quatre ans.

C'est une joie de périr en refaisant la France.

Jean CONQUET.

Lettre écrite par l'Aspirant Jean CONTI, 7ᵉ Chasseurs Alpins, tombé au champ d'honneur le 5 Novembre 1916.

CHERS PARENTS,

C'est demain, à 5 heures, que nous partons rejoindre notre bataillon vers l'Alsace. Ne vous faites pas de mauvais sang, ne pleurez pas, je vais faire mon devoir et le faire de mon mieux. Tout le monde le fait, son devoir, et il serait lâche de ma part de reculer devant l'honneur de défendre sa Patrie.

Songez, mes chers parents, que je vais commander là 60 poilus, moi jeune aspirant de 19 ans.

C'est, il est vrai, une bien lourde responsabilité et je ne la prends qu'après avoir mûrement réfléchi ; si je l'accepte, c'est plein d'espoir dans la Victoire, dans la Revanche.

Lorsque j'étais petit et que je lisais déjà les récits de la guerre de 1870, je ne rêvais dans ma jeune cervelle que désir de vengeance ; j'aurais voulu être grand pour aller à la guerre, pour tuer le plus possible cet Allemand détesté ; je ne le connaissais pas encore, mais lorsque, plus âgé, je lus des livres sérieux où l'on montrait ce que faisait l'Allemagne, ses efforts vers une puissance militaire toujours plus grande, j'ai compris que la guerre était inévitable ; je la considérais comme telle et je souffrais que mon cher pays de France se laissât aller à des rêveries, à des songes plus ou moins utopiques, irréalisables. Ah ! nous parlions de paix, nous autres, de fraternité, d'amour entre les peuples et nous ne voyions pas, de l'autre côté du Rhin, les hommes blonds aux yeux bleus qui préparaient la guerre ; leurs philosophes, leurs penseurs nous traitaient de pourriture qu'il faut à tout prix supprimer, et nous, bêtes que nous étions, nous parlions de désarmement.

Un jour, le canon a grondé sur le Rhin : c'est la guerre ; des gens s'affolèrent, d'autres, plus calmes, qui l'avaient vue venir, restèrent calmes. La guerre déchaînée par l'Allemand a ravagé notre pays ; partout on voit des femmes en deuil, des jeunes filles qui pleurent, des soldats amputés ; c'est à nous, jeunes gens, que revient l'honneur aujourd'hui de refouler le Boche. Et vous pleureriez, chers parents, en me voyant partir... non, n'est-ce pas ? Vous vous dites : « Il va où son devoir l'appelle : il va chasser l'envahisseur du sol sacré de la France ». Oui, c'est à nous à le bouter hors de France, comme jadis Jeanne d'Arc bouta les Anglais.

Ce devoir, pour périlleux qu'il soit, je ne le céderais pas pour tout l'or du monde.

Et si, chers parents, je meurs dans la bataille, vous pourrez être sûrs que votre fils chéri est mort en bon Français, la poitrine face à l'ennemi, en entraînant ses hommes.

Chers parents, ne pleurez pas votre petit enfant, soyez certains qu'il va faire son devoir et qu'il le fera jusqu'au bout.

Soyez forts, je vous enverrai tous les jours, si je le puis, de mes nouvelles. Au revoir, à bientôt, je reviendrai victorieux ! vous serez fiers de moi.

Je vous embrasse. Votre fils dévoué qui vous aimera toujours,

CONTI.

Lettre écrite par le Sous-Lieutenant Conrad CRAWFORD, de l'Infanterie américaine, tombé près de l'Ourcq, à Sergy, le 1er Août 1918.

(Au front.)

13 Juillet 1918.

MA CHÉRIE MÈRE,

Ce soir, je passerai au front, dans les tranchées du vrai front, les places des chauves — « *bald-headed row* » — pour ainsi dire. Tandis que j'ai une confiance absolue dans ma bonne chance et que je me battrai jusqu'au bout quand j'en aurai l'occasion, je t'écris ces lignes seulement au cas. Quand tu les auras reçues, tu sauras bien que tu ne reverras plus ton fils cadet. C'est ma prière de m'en aller d'une façon dont tu seras fière.

Quoique bien des lieues nous séparent, *Mother dear*, je te vois clairement, j'entends ton rire, je ressens ton amour si grand pour moi, et c'est avec une douleur saisissante que je me rends compte de la possibilité de ne te rejoindre plus. Mais toi, tu ne dois ressentir aucune douleur. Tu devras être fière, tu le seras, je le sais bien, du sacrifice que toi, avec des milliers d'autres mères, auras dû faire.

Mon amour pour chacun de vous, et surtout pour la plus chérie mère du monde, est si grand que je ne saurai m'amener au point de dire adieu. Notre bien-aimé père n'est plus là, mais j'espère qu'il sait que j'ai fait mon devoir au mieux de mon possible et que je paierai le sacrifice suprême fièrement et sans regret. La vie d'un homme dans cette guerre ne vaut pas le claquement des doigts.

Eh bien! espérons que, dans les mois à venir, nous nous amuserons bien de cette lettre.

Avec tout l'amour du monde à chacun de ma famille,

Affectueusement ton fils,

CONRAD.

Il y a aussi un dernier vœu que je te prie instamment de m'accorder. Si je tombe en France, permets que mes restes y soient enterrés ; c'est-à-dire ne dépense pas d'argent pour les transporter aux Etats-Unis. Je n'ai aucun sentiment à ce propos, et je serai fier de m'endormir à tout jamais dans ce merveilleux petit pays.

*Lettre écrite par le Sergent Charles CROSNIER,
355ᵉ Régiment d'Infanterie, tombé au champ
d'honneur, le 27 Septembre 1915, à la Ferme
Navarin.*

23 Septembre 1915.

Ma chère Mère,

J'ai reçu hier ta bonne lettre contenant la carte
d'Henri ; je n'ai pas encore reçu de ses nouvelles.

C'est avec plaisir que j'apprends que Monsieur
Viron t'a envoyé le montant de ce qu'il me devait.
J'espère, chère mère, qu'avec cette somme tu pourras faire face aux dépenses de plusieurs mois ;
prends surtout tes précautions pour ceux d'hiver qui
ne vont pas tarder.

Par ce courrier, j'écris à Madame X... J'ai eu
des nouvelles de Monsieur Z..., de Béthune, par
un de ses cousins, un jeune homme que j'ai rencontré
tout à fait par hasard à Hesdin ; il me paraît supporter allègrement la guerre en faisant de bonnes et
grosses affaires.

Je crois, chère mère, que le grand coup est pour
demain ou après-demain, le régiment y prendra sans

doute part, je puis même dire certainement. Dire
que l'on voit venir ce moment sans une petite appréhension serait mentir, mais je t'assure, ma bonne
mère, que nous l'envisageons tous avec calme et
confiance. Je crois que nous sommes maintenant bien
préparés pour donner une bonne correction à notre
ennemi maudit, et peut-être aussi pour le chasser
tout à fait de notre chère France, de la Belgique.
La Paix alors ne serait pas éloignée et ceux qui
auront la chance d'échapper au carnage pourront
retrouver ceux qu'ils aiment.

Si je ne suis pas de ceux-là, ma bonne mère, tu
devras assurer ton existence, car il est trop tard
pour que je te guide. Mais tu as tous les renseignements nécessaires pour obtenir ce qui m'appartient ;
je te rappelle que mes papiers sont chez Monsieur
Bryon, 112, rue de Savoie, à Bruxelles ; Mademoiselle Bertha, mon employée, se mettra certainement à ta disposition pour te donner tous les renseignements au sujet de mon entreprise ; tu devras
l'indemniser pour sa collaboration durant la guerre ;
je te laisse le soin pour la façon dont tu devras le
faire.

Entoure-toi des conseils de Monsieur Guison,
dont l'amitié m'assure son dévouement à ton égard.
Pour toutes les affaires, comme il sera indispensable
que tu produises l'acte de décès, tu devras t'entou-
rer de tous les renseignements. Adresse-toi au Colo-
nel ou au Commandant de la 20ᵉ Compagnie quand

tu seras quelques jours sans recevoir de mes nouvelles ; je te promets, chère mère, de t'écrire chaque
jour, ne serait-ce qu'un mot ; tiens compte toutefois
des difficultés de correspondance.

Je te souhaite une bonne santé et reçois, ma bonne
mère, les bons baisers de ton fils.

CHARLES.

*Lettre écrite par l'Adjudant Georges CUVELLE,
63ᵉ Régiment d'Infanterie, tombé au champ
d'honneur.*

24 Septembre 1915.

MON CHER LÉON,

Nous n'avons plus le temps de les faire longues,
nos lettres.

C'est demain le *grand jour!!*

Tu verras les journaux. J'ai grand espoir que tout
ira bien. Aussi, en attendant que tout soit fini, je
t'embrasse bien fort.

GEORGES.

*Lettres écrites par le Caporal réserviste Baptiste
DEBONNE, du 3ᵉ Zouaves, blessé mortelle-
ment, le 7 Septembre 1914, à la bataille de la
Marne.*

Zemmorah, 3 Août 1914.

CHER PÈRE,

Je t'écris ces quelques lignes avec sang-froid. Je
pars demain à destination d'Oran au 3ᵉ Régiment
de Zouaves. Je pars content de défendre notre chère
France. Si je meurs, tu seras fier de dire un jour :
« Mon fils est mort pour la Patrie ». Tu reporteras
ton affection sur tes autres enfants.

Adieu, cher père, je vous embrasse tous du plus
profond de m	cœur et surtout ma maman chérie.

Ton fils chéri,

BAPTISTE.

Paris, 18 Septembre 1914.

CHER PÈRE,

Les forces me manquent pour pouvoir te faire une longue lettre ; tu peux croire que j'y mets toute ma bonne volonté pour t'écrire ces quelques lignes.

Je suis tombé blessé le 7 Septembre au combat de la Marne. J'ai reçu le boulet dans le dos en pleine force et cela a produit la paralysie. Les balles qui m'ont traversé le genou et l'avant-bras droits ce sont des balles qui se trouvaient dans le boulet. Le dos aussi a été traversé par une balle ; le carnet que j'avais dans ma veste a arrêté une balle.

J'espère guérir, mais il faudra du temps. La paralysie n'est due qu'à la forte commotion. Je n'ai besoin de rien. Le jeudi et le dimanche, les Parisiens et les Parisiennes viennent nous rendre visite et nous inondent de friandises.

Enfin, cher Père, du courage ; il faut espérer que je guérirai.

Je t'embrasse bien fort, sans oublier ma maman chérie, mes sœurs, mes frères et le petit Thomas.

BAPTISTE.

*Lettre écrite par René-Anselme DEFARGE,
Lieutenant au 107ᵉ d'Infanterie, tué à la bataille
d'Ecurie, le 25 Septembre 1915.*

25 Septembre 1915.

MES CHERS PARENTS,

Nous venons d'occuper de nuit nos emplacements
de combat. Tous les préparatifs ont été faits, tout a
été réglé minutieusement pour que rien ne soit laissé
à l'imprévu qui peut être réglé d'avance. C'est du
temps de gagné — des vies humaines pour aujour-
d'hui et pour l'avenir.

Depuis quatre jours, nous avons déchaîné sur le
front allemand un formidable ouragan de fer. Jamais,
même aux heures les plus difficiles, nous n'avons
connu cela. Et si les Boches viennent, c'est qu'ils
ont du cœur au ventre. Ce matin, dernière main à la
préparation : crapouillots, 75, marmites de petit et
de gros calibre, tout y va. Déjà la tranchée s'est
rougie, un peu de sang a coulé, quelques-uns ont
payé leur dette et au delà. Tout à l'heure, ce sera

la ruée. Partout, dans le Nord comme en Champagne, nous allons leur tomber sur le poil ! Il faudra
bien que le rideau crève quelque part. Nous pouvons nous attendre évidemment à de gros sacrifices,
une troupe d'assaut doit savoir les supporter. Il faut
y aller de plein cœur, comme dit le généralissime,
jusqu'aux pièces d'artillerie. Il faut traverser tout
ce labyrinthe de sapes, de mines, de tranchées et de
boyaux pour gagner la plaine et leur tailler des crou-
pières. Il faudra, cette fois, ne leur laisser aucun
répit, les talonner sans relâche jusqu'à l'extrême
limite de nos forces. Les hommes sont décidés, ils
en veulent. La perspective d'un autre hiver dans les
tranchées les effraie beaucoup plus que l'assaut, je
crois ; et un gros succès ranimera les cœurs défail-
lants et retrempera les volontés pour la continuation
d'une lutte que le monde... civilisé se doit de mener
jusqu'au bout. Du reste, quand on a commencé une
besogne, si pénible soit-elle, il faut l'achever pour
en savourer les fruits. Et quand on se sacrifie pour
un pays comme la France, on est payé par la pensée
réconfortante que le plus noble idéal qui soit au
monde ne périra pas. Et puis, nous sommes de la
lignée des Bayard, des Jeanne d'Arc, des Henri IV,
des Turenne, des Hoche, des Marceau, des Bona-
parte, et leur sang ne peut pas mentir. Nous verrons
bien. Voyez-vous que nous allions coucher à Douai !

Je ne pourrai certainement pas vous écrire de
quelques jours de façon régulière ; ne vous affolez

pas et n'allez pas avoir des pressentiments, ce qui serait maladroit. Attendez pour savoir.

En tout cas, si je tombe, je vous le répète encore, je serai mort joyeusement, quelque pénible que soit la pensée de me séparer de vous ; je serai mort sans regret parce qu'il y a des heures où la vie sans l'honneur ce n'est rien, des heures où il faut se jeter tête baissée dans la commune mêlée sous peine de se renier et de n'être plus qu'un corps sans âme.

Vous trouveriez dans ma cantine et dans ma panière ma Croix de Guerre, le seul héritage précieux que vous feriez de moi, et des photographies que j'ai pu prendre depuis la semaine. C'est un recueil intéressant, encore que j'eusse pu faire beaucoup mieux. J'ai sur moi, au moment du combat, mon kodak et mon portefeuille contenant ma citation. On les retirerait si possible et on les mettrait dans ma cantine.

Vous embrasserez mes oncles et tantes pour moi et vous leur direz mon affection. Je vous prie de croire à ma tendresse et vous embrasse très fort.

RENE.

Lettre écrite par Jean DELACHE, tombé au champ d'honneur le 26 Août 1917.

Ma chère Maman,

D'après les lettres que tu m'as envoyées, je vois que tu n'as pas encore reçu une des miennes d'il y a quelques jours ; j'espère qu'elle ne sera pas égarée. Les tiennes me sont toutes parvenues et les colis dont tu me parles avec elles. Je t'en remercie beau-coup. Les pommes ne sont pas abîmées du tout et la saucisse a l'air très bonne. Tu ne vas plus être aussi tranquille à mon sujet car demain on remonte en ligne et, comme je te l'ai dit, il y aura peut-être du nouveau. Je ne peux pas t'en dire plus long. On parlera des événements après leur échéance. Ne te fais pas trop de mauvais sang, ce n'est pas la peine, tu le sais bien. J'ai moi-même bien du mal à me faire une raison.

Tu me pardonneras si je ne réponds pas à tout ce que tu me dis dans ta lettre, car je ne peux plus mettre la main dessus et je ne me rappelle plus très bien de son contenu. Tu me demandes si tu peux m'envoyer l'Anabase de Xénophon, je le veux bien, il me sera toujours utile. Je continue, en effet, ma grammaire grecque dont j'ai vu une quarantaine de pages et sans ce malencontreux retard ça pourrait encore aller plus vite, mais l'on ne fait pas toujours comme l'on veut dans ce sacré métier.

Mais il paraît qu'après cela on va descendre au grand repos, pendant quelque temps. Cette façon de procéder est peut-être meilleure. Je ne vois rien à te dire de plus, l'existence est si peu variée, heureusement !

Je ne peux, en terminant, que te dire de t'armer de courage et t'embrasser tendrement.

Ton fils qui t'aime,

JEAN.

17 Août 1914.

J'ai reçu hier, au petit jour, le baptême du feu !
Ce fut gentil tout plein. A la première décharge, un
schrapnell, fusant sur mon escouade accroupie, traversa d'une balle le sac de mon camarade de gauche, déchira ma bretelle de fusil, rasa la figure du
Caporal et d'un dernier plomb, le plus tragique,
traversa le bras de mon vieux Faivre.

Pas une minute d'émotion !

...Nous sommes restés jusqu'à 3 heures de l'après-
midi sous le feu de ces cochons-là. Qu'ils tirent
mal et quelle inutile gabegie d'une marchandise qui
coûte si cher !

...Ma compagnie, qui est des plus éprouvées,
vient de se retirer en arrière et en réserve de façon
à prendre un repos bien gagné.

...Tu ne saurais croire, mon petit ange, combien
la proximité du danger agit salutairement sur l'âme

de ton gosse. Je vis en une communion continuelle
avec Dieu, dans lequel ma confiance augmente sans
cesse. Ainsi, je lui dois mon calme, qui n'est pas
une des moindres assurances contre le danger. Je lui
ai promis, ainsi qu'à la Vierge d'Etang, que, si
nous nous retrouvons bientôt heureux, chaque année,
nos enfants et nous, feraient le pèlerinage de
Velars...

J'ai enterré ce matin les deux morts de ma compagnie, pour lesquels j'ai dressé une croix et récité
une prière. C'est à toi, mon amie, que je dois ce
petit courage.

...Adieu, mon petit gosse, je te quitte. Continue
d'être l'ange des deux foyers que j'ai quittés pour
un temps. Il suffit que j'emporte ton cœur pour que
ni la joie, ni l'espoir ne puissent s'envoler de dessous ma capote.

Je viens de revoir avec joie mon ancien Commandant du 10ᵉ. Il m'a causé affectueusement. Il m'a
annoncé que la victoire se dessine sur tous les fronts.

LOUIS.

Lettre écrite par Médard-Paul DEVLAEMINCK, 41ᵉ Régiment d'Infanterie coloniale, tombé au champ d'honneur, à Souchez, le 1ᵉʳ Octobre 1915.

MA CHÈRE MÈRE,

Merci pour ton petit trèfle à quatre feuilles ; je conserve précieusement cette petite herbe que mes copains envient beaucoup. Hier soir, nous avons démoli 30 Boches, pas notre compagnie, mais le 1ᵉʳ bataillon. Figure-toi que, dans le secteur du 1ᵉʳ bataillon, les tranchées se touchent avec les Boches. Alors, un officier bavarois et 30 hommes ont sauté dans la tranchée, la nuit ; l'officier boche est rentré dans une cabane occupée par les marsouins et a tué d'un coup de revolver un de ceux-ci ; alors, le caporal l'a enfilé comme une crêpe. Ensuite les marsouins ont entièrement massacré les 30 Boches, aucun prisonnier. Furieux, les Boches ont voulu attaquer et ont encore reçu une pile ; pour se venger, ils ont bombardé un village voisin toute la

nuit ; nous, on roupillait comme des Suisses ; on est
habitué à cette comédie, tu dois t'en douter.

...Ce soir, nous remontons aux tranchées, nous
avons ordre de crier à notre tour : vive l'Italie ! et
de chanter la *Marseillaise* ; ça, c'est pas la paix,
mais enfin, ça fait un peu de changement. Ne te
fais pas de mousse avec cela, dors tranquille...

...Notre secteur n'est pas mal placé, les Boches
sont à environ 200 mètres de nous et seulement à
40 mètres des autres secteurs ; nous sommes cette
fois en forêt, nous habitons à cinq par villa ; c'est
pas cher comme loyer, nous avons un bail renouve-
lable tous les douze jours, car nous restons quatre
jours dans les tranchées ; si tu voyais notre cambuse,
tu aurais le sourire : à la porte, il y a sculptures
dans la pierre blanche, car les tranchées sont creu-
sées dans la pierre ; il y a la tête de la République
et je t'assure que l'artiste du 43ᵉ Colonial qui l'a
faite n'est pas un apprenti ; en dessous est écrit :
« Vive la République démocratique et sociale » ;
en plus, de l'autre côté, également dans la pierre,
est inscrit : « Villa des cocus ». Donc, ton fils
habite « Villa des cocus ». Ça sent la guerre, hein,
à plein nez et je vois Valentine sourire. Nous ne
sommes pas mal logés, pour le prix, on ne peut pas
crier, on ne peut pas se plaindre...

Ce matin, pour venir, qu'est-ce que nous avons
pris comme bain de pieds : il était tombé de l'eau
toute la nuit, et nous en avions jusqu'aux genoux,

nous étions dans la joie, car plus nous sommes dans
la mouise plus nous avons le sourire. Tu vois, voilà
les Poilus de la République...

DEVLAEMINCK.

Lettre écrite par Augustin DOUNET, 81ᵉ Colonial, tombé au champ d'honneur.

4 Juin.

BIEN CHERS AMIS M. ET Mᵐᵉ GELIN,

Je ne saurais trop dans quelle idée j'écrirai cette lettre. Que devez-vous penser de ce soldat qui venait parfois se faire payer toutes sortes de gâteries pendant les longues journées d'hiver. Que vos caresses et belles paroles lui faisaient oublier les jours de guerre. En effet, c'était plus la guerre que de vivre auprès de vous, mais le bonheur. Croyez-vous qu'il vous a oubliés ? Non. Tous les jours j'y pense, à ces soirées récréatives, et voudrais pouvoir vous dédommager de tant de peine. Mais maintenant, malgré ma bonne foi, je ne peux vous être agréable que par ma lettre. Ça fait rien. Il faut espérer que cette guerre ne durera pas longtemps maintenant et qu'après tant de peine on pourra se revoir contents et glorieux de notre dévouement. C'est pour vous que je parle, car nous autres, c'est rien en comparaison de ce que vous fîtes pour nous.

5.

Avant de finir, laissez-moi vous parler un peu du paysage pour changer les idées. On ne peut pas toujours parler de la terreur qui malheureusement court toutes les langues européennes. Nous avons passé en arrière pour prendre un peu de repos, dont je pense avoir envoyé un mot à mes dévoués amis. Mais tout marche à merveille. Tout le monde travaille et avec entrain. Aussi pas de terre inerte. Les récoltes sont élégantes et semblent vouloir fructifier. C'est beau que de voir la terre couverte d'une verdure qui pousse, et dans notre passage semble nous dire : défends-toi et le sol te nourrira. C'est beau pour moi de voir que le cœur des Français n'oublie pas leurs braves soldats et s'efforce pour faire le travail de leurs chers qui pour le moment sont au service commun. Les grands arbres qui couvrent la route nous donnent une fraîcheur exquise pendant le cours des marches militaires : au-dessus viennent lancer leurs joyeuses chansons les petits oiseaux. C'est beau le pays à cette belle saison du printemps. Les belles prairies qui vont nous donner leur fourrage nous embaument par leurs charmantes fleurs qui bornent la route. Rien n'est à comparer à notre sol français. On y trouve de tout. Aussi les Boches voulaient s'en emparer, mais trop tard, maintenant ils peuvent repartir chez eux. Nous n'en voulons plus de leurs tableaux sur notre terre sacrée, terrain que nos pères ont su conserver et que nous sommes appelés à défendre.

Il paraît qu'il s'est livré un gros combat naval.
Peut-être sera-t-il une bonne preuve d'épuisement
de cette terrible nation qui croyait nous anéantir
sans reprendre, aussi l'a-t-on surnommée l'Aigle ;
quant à présent, c'est plus qu'un vautour. Dans tous
les cas, vivement que ça finisse pour revoir tous ces
braves qui ont su se dévouer et surtout faire patienter
les braves soldats. Grâce à leur savoir viendra le
jour où nous serons vainqueurs, et rentrant dans leurs
foyers pourrons revoir ces braves, les félicitant, les
remerciant de leur dévouement qu'ils ont su nous
inspirer.

En attendant ce jour, recevez, mes braves amis,
les plus grands souvenirs et le gage de la plus profonde amitié.

AUGUSTIN.

Lettre écrite par Marcel DUCREUX, engagé volontaire au 4ᵉ Régiment mixte de Zouaves, tombé au champ d'honneur.

Fin Décembre 1914.

MES CHERS PARENTS,

Accroupi dans la paille d'une modeste maisonnette de village, un sac en manière de pupitre, je suis heureux de pouvoir vous envoyer mes vœux de bonne année, s'il est possible qu'en les circonstances actuelles l'année 1915 soit pour quelques-uns pas trop douloureuse.

Ces vœux sont aussi les vôtres et un peu ceux de tout le monde, ils se trouvent confondus en un seul espoir, celui de se trouver réunis, en bonne santé, au grand jour de la Victoire française définitive.

Le général Joffre a lancé à tous ses soldats une proclamation dans laquelle il fait savoir que, pour en terminer avec la situation présente et chasser les Allemands de notre sol, un grand coup reste à frapper et que pour cela il compte sur tous.

Tenons-nous donc prêts pour ce sublime assaut
libérateur.

En ce qui me concerne, mes chers parents, sachez
que ni l'énergie, ni la notion du devoir ne me feront
défaut et qu'à quelque prix que ce soit, je serai ce
que vous m'avez appris à être, un bon Français et
un homme de cœur.

Mon cher Papa, ma chère Maman, mes chères
petites Sœurs, recevez les baisers remplis d'effu-
sion de votre petit soldat bien-aimé.

Marcel DUCREUX.

Lettre écrite par Henri-Rémy DUHEM, 147
Régiment d'Infanterie, tombé au champ d'hon-
neur, à l'assaut des Eparges, le 20 Juin 1915.

18 Juin 1915.

CHER PAPA, CHÈRE MAMAN,

Je suis arrivé au but. Ma pensée est uniquement occupée de vos souvenirs que je savoure seul silencieusement aux instants rares de répit et qui reviennent vifs comme la réalité présente.

Malgré l'éloignement matériel, je sens plus que jamais que notre cœur bat identiquement, que notre cerveau fonctionne identiquement, que nos nerfs et notre sang ne font qu'un. Oui, nous sommes philosophes.

Je suis soumis à des forces majeures éventuelles, je les connais ; si elles se présentent je les accepterai. Mais mon énergie n'en est pas moins toujours tendue, prête à tenir tête aux événements.

J'accepterai sans sourciller l'inévitable.

Intéressez-vous à quelqu'un qui le mérite et rattachez-vous à l'Art.

Rémy DUHEM.

*Lettre écrite par le Sergent A. DURAND, 68ᵉ
Régiment d'Infanterie, tombé au champ d'honneur.*

Ma chère petite Femme,

Mes chers petits Enfants,

Au cas où Dieu voudrait qu'une balle meurtrière
vienne me ravir à l'affection de ma chère Marguerite, de mes enfants chéris, de mes parents bienaimés, tous vous trouverez une consolation en sachant
que la mort m'a surpris prêt à faire le grand voyage
et que du haut du ciel, où j'espère vous retrouver,
mes prières remplaceront tout ce que j'aurais pu
faire pour vous ici-bas.

Pour toi, ma chère petite femme, ta vie est brisée ! Hélas ! nos beaux jours ont été courts et peu
nombreux et tu ne doutes pas que c'est pour moi un
cruel crève-cœur que de penser que peut-être je ne
vous verrai plus.

Mais quand même je veux agir en Français, en
chrétien et en père de famille, en faisant mon
devoir. Si donc la mort me frappe, mon dernier

baiser, mon dernier soupir, seront pour toi, ma chère petite femme, mes petits enfants et mes parents.

Ma chère Marguerite, tu trouveras une précieuse consolation et un fidèle souvenir en ces enfants charmants, Jeanne et Maurice. Apprends-leur le souvenir de leur père qui les aimait à la folie. Enseigne-leur l'amour de Dieu, l'amour du travail, fais-leur donner une bonne éducation, en un mot, fais-en un bon fils, une bonne ménagère.

Conservez donc mon souvenir, mes Chéris, et soyez persuadés que, quoi qu'il arrive, je pense toujours à vous tous et que je ne veux pas me sacrifier inutilement, n'oubliant pas que j'ai une femme et des enfants, mais que si Dieu le veut et que le devoir m'appelle je me conduirai en soldat.

Au revoir, ma petite femme adorée, tu fus sans cesse l'objet de mes soucis, j'emporte ton amitié qui n'a que grandi pendant la longue et cruelle séparation que nous a imposée cette guerre.

Vous embrasse tous bien tendrement, une dernière fois peut-être.

Au revoir, mes chers parents. Prenez ma place et secondez ma chère Marguerite.

A. DURAND.

Lettre écrite par Maurice DUTHU, 109ᵉ Régiment d'Infanterie, tombé au champ d'honneur le 14 Juin 1917.

Après la soupe, j'avais commencé à vous faire réponse, installé dans les bureaux de la Compagnie de Béthune, fosse 6. Je ne sais si nous avons été repérés par un avion, toujours est-il qu'au moment où j'écrivais, arrive, gratis et franco, un obus dans la cour ; un éclat traverse le vitrage de la salle où j'étais — merci ! — et vient jusqu'à mes pieds après avoir descendu toutes les vitres dans un fracas épouvantable. J'ai eu juste le temps de me baisser assez pour ne pas être criblé de verre ; je l'ai échappé belle cette fois encore. Heureusement que je tenais ma lettre à la main ; ç'aurait été une belle feuille de papier perdue...

Maurice DUTHU.

*Lettre écrite par le Lieutenant Jacques EBENER,
112ᵉ Régiment d'Infanterie, tombé au champ
d'honneur le 19 Janvier 1917.*

MA CHÈRE MAMAN,

Le jour où tu liras ces mots, je ne serai plus de ce monde. Tante Marie, qui a toujours été si affectueuse pour moi, se chargera de te les faire parvenir.

...Voilà, ma chère maman, ce que j'avais à te dire et maintenant que je suis disparu, tombé glorieusement pour mon pays, je te demande autre chose : ne pleure pas ma mort, elle est la plus belle de toutes et, sous ton voile noir, tu auras le droit de lever fièrement la tête ; et puis, qu'est-ce que la vie ? Dans quelques années, tes souffrances seront finies et tu viendras me rejoindre dans l'au delà où le mal n'existe plus. Là, nous serons réunis, j'en suis sûr, car je t'ai trop aimée pour que nous ne soyions pas réunis un jour pour jamais en quelque essence supérieure qui vivra dans une béatitude éternelle. Dis-toi cela, ma chère mère, et cela t'ai-

dera, pendant le temps qui te reste d'existence terrestre, à supporter ta douleur comme la supportaient
les mères spartiates et romaines. Donner son fils à
la Patrie, quand cette Patrie est la France, qu'y
a-t-il de plus beau pour une mère ?

Lettre écrite à sa mère par le Sous-Lieutenant Raymond D'ESCLAIBES D'HUST, 17ᵉ Bataillon de Chasseurs à pied, mort au champ d'honneur, le 3 Septembre 1916, devant Barleux.

1ᵉʳ Mars 1916.

Voici donc arrivé le jour fatal qui devait confirmer ce que tous deux pensions sans oser nous le dire, tant les paroles en eussent été cruelles ; notre cher disparu, mon père bien-aimé, nous a quittés et nous ne le reverrons jamais. Dieu lui a réservé la plus belle récompense, la mort en héros, face à l'ennemi, et il n'est pas de doute possible qu'il ait pris avec lui cette âme d'élite à tous points de vue. Mais pour nous quelle affreuse réalité !... Je ne puis me figurer notre malheur, je ne puis envisager notre vie complètement sans lui, quoique la longue et pénible attente ait distillé peu à peu notre souffrance. Ce n'est qu'à la fin de cette guerre que nous la sentirons complètement. Quand nous serons tous deux seuls, combien sa présence nous manquera ! La guerre est une phase de l'existence pendant laquelle les nerfs se tendent plus qu'ils ne le peuvent, mais quelle détresse terrible quand la réalité sera là ! Il faut avoir notre état d'esprit actuel, qui nous fait considérer la mort comme la réalisation de nos plus beaux rêves de gloire, et la séparation d'avec les nôtres comme un sacrifice nécessaire au salut de notre chère Patrie, pour que ce coup ne nous frappe pas avec une violence plus grande encore et que nous puissions le supporter. Cher père ! Quel exemple pour moi ! Jamais je ne serai seulement à la cheville de cette magnifique nature que je respectais comme celle d'un parfait chrétien et d'un Français digne de son nom glorieux.

19 Juillet.

Je suis retourné cet après-midi jeter un coup d'œil sur le chaos des entonnoirs avoisinants : je ne reviens pas sur l'impression causée. Puis, des banquettes de notre tranchée, je regarde à la jumelle les éclatements sur les bois, les villages et les châteaux que tiennent les Boches. C'est épouvantable. Le beau temps semble aujourd'hui revenu, et notre artillerie lourde en profite pour faire ce qu'on appelle du beau travail. Quelles énormes colonnes de fumée noire, avec des éclatements en boule blanche ! Quelquefois, un panache de fumée noire, comme une éruption de volcan. Les Boches ne doivent pas être à la noce. Et de derrière nos premières lignes partent aussi des torpilles. C'est la danse complète. Il faut s'en réjouir. Mais c'est toutefois un spectacle peu à l'honneur de l'homme.

Et nos pauvres villages qu'on est forcé de détruire de fond en comble pour les reprendre, et encore avec peine...

Pour me distraire de tout ce que je vois, j'ai lu hier soir, dans ma niche, *Le Roi Lear,* que j'ai trouvé traînant par là. Cela me rappelle un bon temps déjà loin, une belle soirée chez Antoine...

J'ai eu surtout hier, pour me mettre du baume au cœur, ta bonne lettre, avec ton joli jasmin : merci, la maman. Nous manquons de fleurs ici : sur le plateau, on ne voit comme floraison que, de loin en loin, émergeant du chaos d'entonnoirs, des piquets à fils de fer boches, à forme de tire-bouchons : c'est assez joli...

Et les communiqués sont bons.

Espérons, et aimons-nous fort, fort...

MAMAN CHÉRIE,

Je suis redescendu, hier, des premières lignes, où nous sommes restés cinq jours, devant le fort de Vaux.

Le bataillon a été superbe de courage et, pour ma part, je n'ai pas une égratignure.

Ce soir, deux compagnies choisies remontent pour attaquer par surprise ; j'ai été choisi pour mener aussi la danse avec les meilleurs chasseurs du bataillon.

L'affaire promet d'être chaude, mais intéressante; c'est pourquoi je suis fier et content d'en être.

Néanmoins, je laisse cette lettre à un de mes camarades, le lieutenant Guillaume, qui te la ferait parvenir si je ne redescendais pas.

Maman chérie, j'ai beaucoup d'espoir et je compte que mon étoile ne pâlira pas ce soir. Mais, si je tombe, soyez certains que j'aurai fait tout mon devoir de chasseur.

Si, au dernier moment, quelques minutes me restent encore pour vous, je t'enverrai mes plus doux baisers. L'image de ma maman sera là pour me consoler ; celle de mon père et de mes frères chéris pour me donner la force de mourir le sourire aux lèvres, trop heureux de tomber pour vous. Dans un long baiser à tous je vous dirai adieu.

P. FADHUILE.

P.-S. — Ma chère maman, il ne faut pas pleurer, ce serait mal ; il faut être courageuse pour mon papa et mes frères.

Lettre écrite sur son lit d'hôpital par Géo FAR-RET, Soldat de 1re classe, quelques jours avant sa mort.

Limoges, mardi 15 Septembre 1914.

CHERS PARENTS,

C'est ici que j'ai échoué après avoir passé quarante-huit heures dans le train.

Bien content d'arriver la nuit dernière. Je suis dans un hôpital aménagé, selon les circonstances, dans une ancienne caserne.

Je n'y serai point mal.

Les voisins de lit sont Parisiens et l'on cause et l'on rit.

Admirablement bien soignés par docteurs et dames de la Croix-Rouge. C'est heureux que je suis ici pour assez longtemps.

J'ai la jambe droite assez abîmée par un éclat d'obus et une légère blessure au bras droit.

Ne vous inquiétez pas, que ce soit long ou court, que ce soit douloureux ou non, il y en a tellement qui y laissaient leur peau !

Et puis, si je souffre, je suis content que ce soit pour quelque chose qui mérite qu'on lui sacrifie tout.

Tous mes amis et camarades de la compagnie étaient jeudi matin morts ou blessés, je ne sais. Le 72ᵉ est très décimé (11ᵉ compagnie, il restait 70 hommes sur 250).

Soyez heureux au moins de la certitude que vous avez maintenant. Je vous embrasse de tout cœur, papa, maman, Jacques.

N'oubliez pas d'embrasser pour moi bonne tante, tante Aimée et tous les Maufroy.

Géo FARRET.

Lettre du Sergent FILIPPINI, Pierre, 7ᵉ Régiment d'Infanterie, 7ᵉ Compagnie, tombé au champ d'honneur, le 25 Septembre 1915, à l'âge de 19 ans.

MON CHER HENRI,

Excuse-moi de ne pas t'avoir écrit plus tôt, mais toujours j'attendais de tes nouvelles et c'est par mon frère que j'apprends que tu venais d'être malade.

D'après ce que mon frère m'écrit, j'ai cru comprendre, pardonne-moi si je me trompe, que la question physique n'était pas la seule cause de ta maladie. Je me permets de te dire cela, mon cher petit Henri, parce que je crois être assez lié avec toi pour te le dire sans crainte de paraître indiscret. Si, par hasard, tu as quelque chose qui te pèse sur le cœur, dis-le-moi, je serais très heureux de pouvoir te réconforter ; ce ne seront pas des conseils d'un homme que je te donnerai, mais ceux d'un jeune homme à qui la vie vient de se dévoiler sous un autre jour. J'ai souffert, depuis que j'ai quitté

Bordeaux, physiquement et moralement et même oserai-je dire sans fanfaronnade plus que tu le peux chez toi, près des tiens. J'ai connu les affres de la faim, du froid et de la mort. J'ai vu sept de mes camarades réduits en bouillie près de moi, je me suis vu deux fois enterré et à moitié asphyxié. J'en sors indemne, c'est un miracle, et pourtant moralement et physiquement je ne me suis jamais si bien porté. Pourquoi ? Parce que je suis heureux de faire mon devoir, parce que je sais que je deviens meilleur et que maintenant je suis mon maître.

Te souviens-tu de cette dissertation française de Monsieur Gain dans laquelle étaient cités ces beaux vers de Musset :

« L'honneur est un apprenti, la douleur est son
[maître.
« Et nul ne se connaît tant qu'il n'a pas souffert. »

Nous les avons analysés ensemble à l'époque où nous étions réellement heureux et souvent maintenant dans la dure épreuve je me les rappelle et toujours ils me réconfortent. Oui, mon pauvre vieux, j'ai souffert et souvent le découragement et la maladie auraient pu s'emparer de moi, mais je ne suis pas seul, je suis gradé et moi, encore enfant, je suis responsable à tous les points de vue de l'existence de cinquante hommes, malheureusement presque tous pères de famille. C'est pour cela que je suis fort et que la maladie n'aura pas de prise sur moi.

Il en est de même pour toi, ne te décourage pas

et continue tes études jusqu'à l'heure où la France t'appellera d'elle-même pour la servir. Je ne veux pas dire par là de délaisser les plaisirs, non, loin de là, chaque chose a son temps.

Depuis que je t'ai écrit, j'ai voyagé ; j'ai traversé la France et j'ai vu presque tout le front. Je suis parti de la Marne, je suis allé à Paris, j'ai été dans l'Oise, à côté de Soissons ; j'ai été à l'attaque du saillant de Quennevière. Je suis allé dans la Somme, dans le Pas-de-Calais, du côté d'Arras, et me voilà de nouveau dans la Marne. Eh bien, j'ai toujours été d'égale humeur, aussi gai le jour où j'ai pris le boyau de Quennevière que le jour où j'étais à l'arrière, à côté d'Amiens, à m'amuser avec des camarades. Tu vois que ce n'est qu'une affaire de volonté et celui qui veut peut.

Tu n'as qu'à réagir, mon cher Henri, et si tu as quelque chose, dis-le-moi, tu me feras plaisir.

Avec toute l'affection que j'ai pour toi, ton camarade qui t'aime bien. Ecris-moi vite. Je suis proposé pour sous-lieutenant.

Ton vieux,

P.-A. FILIPPINI.

Lettre écrite par Guy DE BOYER DE FONS-COLOMBE, 303ᵉ Régiment d'Infanterie, tombé à l'attaque de Vermandovillers, le 4 Septembre 1916.

3 Septembre 1916.

MA CHÈRE PETITE MAMAN,

Hélas ! vous pleurerez en lisant ces lignes : votre fils sera mort pour la France, Dieu l'aura voulu ainsi et sûrement pour son bien. Ma chère maman, je veux une dernière fois vous écrire combien je vous aime ; mon grand chagrin en pensant à ma mort est de penser à votre peine, pauvre chère maman ; je ne serai plus là pour soutenir tant d'espérances, mais je serai là-haut auprès de mon père et nous nous retrouverons. La vie éternelle est tout ! Je sais combien votre magnifique foi vous soutiendra. Enfin, je serai mort en plein combat, après avoir reconquis un peu de notre sol de France ; on ne peut envier une plus belle mort ; je vous supplie de conserver votre courage. Dieu n'éprouve que ceux qu'il aime et au milieu de vos enfants et de vos petits-enfants vous revivrez en les regardant vivre.

Priez pour moi, chère petite maman ; je n'ai pas besoin de vous parler ainsi, vous m'avez donné le grand exemple de la religion et je vous en remercie. Dieu vous dispensera la force. Que je regrette, à la veille de l'attaque, de ne pouvoir vous embrasser une dernière fois, vous redire l'immensité de ma tendresse. J'aurais été si heureux d'essayer de vous rendre encore un peu heureuse en vivant une vie qui vous eût plu. J'embrasse avec toutes les forces de mon cœur mes frères et mes sœurs pour lesquels j'ai une telle affection ; que tous se souviennent quelquefois du petit frère. Que l'on parle de lui. Au revoir, adieu, chère petite maman chérie. Si je continuais, je pleurerais peut-être et sous le canon on ne pleure pas...

...Je vous embrasse, ma mère chérie, merci de la tendresse de votre cœur pour moi, merci de m'avoir tant aimé.

GUY.

*Lettre écrite par le Lieutenant Henri FOURNIER,
176ᵉ Régiment d'Infanterie, tombé au champ
d'honneur le 13 Août 1915.*

MES CHERS PARENTS,

Nous embarquons ce soir pour les Dardanelles ;
je vous écris ces mots à la hâte car je n'ai pas une
minute. Nous allons vraisemblablement à un sérieux
coup de torchon. Si j'en réchappe, et je l'espère,
je me dépêcherai de vous donner de mes nouvelles.

Je vous embrasse tous du fond du cœur et espère
vous revoir bientôt. Si je ne reviens pas, acceptez
mon sacrifice avec un cœur fort, en vous disant que
je ne regrette rien et que je serai content de pouvoir
donner ma vie pour mon pays, heureux surtout si
nous avons la victoire.

Je vous demande pardon de vous causer peut-être
de la peine en vous écrivant ces lignes, mais l'instant est critique.

Je ne vous en dis pas plus. Ayez confiance quand

6

même et croyez que je reste malgré tout confiant dans le succès final.

Encore une fois, mille et mille baisers de votre fils qui vous aime.

HENRI.

*Poème contenu dans la dernière lettre de Gabriel-
Tristan FRANCONI, tombé au champ d'honneur le 23 Juillet 1918.*

17 Juillet 1918.

PRIÈRE A LA FRANÇAISE

Le poing brisé d'avoir frappé l'envahisseur,
Permets que poursuivi par l'invincible mort,
De mon exil sonore, amante aux chairs perdues,
Je rêve aux soirs heureux où j'encerclais, vainqueur,
Et ne pressentant pas mon misérable sort,
En mes bras fortunés, ta jeunesse éperdue.

Vous aussi, notre mère, enclose en la maison
D'où jadis s'envolaient nos désirs d'hirondelle ;
Toi, la plus tendre amie, aussi franche que belle ;
Vous, la femme inconnue et pourtant désirée,
Anges éblouissants, Françaises adorées,
Recueillez les soldats épuisés sous vos ailes.

Ton orage implacable énerve l'horizon.

Quand la vapeur de soufre et les éclairs de flamme
Calcineront ce cœur qui vous a tant aimées,
Qu'il repose à jamais sur vos seins frémissants.
Ne laissez pas la boue ensevelir nos âmes.
Il serait dur qu'en vain fût versé notre sang,
Veuillez le recevoir en vos mains parfumées.

Gabriel-Tristan FRANCONI.

Le 25 Juin 1916.

BIEN CHERS AMIS,

Voici le moment arrivé où tout bon Français doit
faire voir qu'il a du cœur. On croit qu'il y aura
bientôt une offensive, moi, je n'en sais rien. Mais,
par mesure de prudence, je viens vous adresser mes
meilleurs souvenirs, vous remercier de tout le dévouement que vous avez bien voulu me montrer.
vous souhaitant une bonne santé, une vieillesse heureuse. Nous allons peut-être courir la chance. Mais
si la Providence veut que nous ne nous revoyions,
ça va sans dire que mon amitié vivra toujours avec
vous. Et une fois ce massacre terminé, je serai content de refaire une petite promenade pour oublier
les dangers que nous aurons dû courir.

Recevez, Monsieur et Madame, la plus chère
amitié d'un soldat qui vous aime.

FRAYSSE.

Lettre écrite par Fernand FROIDEFON, Aspirant au 2ᵉ Zouaves, mort au champ d'honneur.

CHÈRE PETITE MAMAN,

Je suis parti en bon petit Français m'acquitter d'une dette sacrée et remplir jusqu'au bout avec calme ce devoir pour lequel tombent depuis tantôt neuf mois les meilleurs fils de notre belle Patrie.

Il faut libérer notre sol, il faut effacer à jamais de notre glorieuse histoire une souillure, il faut garder française la terre de nos morts, il faut préparer à une France nouvelle une ère de paix, il faut libérer à jamais les foyers de chez nous d'une guerre et il faut empêcher qu'un semblable cataclysme vienne encore dans quelques années déchirer des millions de cœurs et faire revivre ces heures affreuses ; c'est dans ce but, petite mère, que j'ai voulu être officier français et c'est pour cet idéal que j'ai fait le sacrifice de mes vingt ans.

Puisque tu lis cette lettre, je suis tombé en brave

et vers ma chère maison, vers la tombe de papa,
mes dernières pensées se sont envolées.

Pauvre mère, ton cœur déjà torturé reçoit un
nouveau coup, mais je te sais vaillante et forte ; tu
sauras trouver l'énergie nécessaire pour surmonter tes
terribles épreuves dans la pensée que, plus heureuse,
malgré tout, que beaucoup de mères françaises, il
te reste un fils à élever, qui te donnera la satisfaction que tu dois attendre de lui.

Et toi, mon cher Emile,

Je te recommande maman, tu seras son soutien ;
c'est pour toi aussi que j'accepte volontiers le sacrifice, afin que ta vie soit tranquille et heureuse, que
tu aies le bonheur qui ne m'est pas réservé de fonder
un foyer ; tu profiteras de tous les instants de ton
existence en persévérant dans le droit chemin et en
cherchant à travers toutes les épreuves ta satisfaction
dans le bien.

Tu te souviendras de ton aîné, du petit officier
de zouaves qui ne reviendra plus et tu associeras
ma mémoire à celle de notre cher père ; je revivrai
ainsi en toi tant que durera cet hommage.

Chère Maman, Emile,

Je ne vous demande pas de ne pas me pleurer, je
vous interdirais la seule consolation qui vous reste ;
mais sachez conserver de la modération dans votre

peine ; notre deuil récent et terrible nous a montré à tous le peu de prix qu'il convient d'attacher à la vie et il n'est pas sans noblesse de dévouer la sienne à un idéal.

Adieu donc.

Bonnes et affectueuses caresses de votre fils et frère qui vous a toujours aimés du plus profond de son être, plus que lui-même et que tout.

Fernand FROIDEFON.

« Ecrivez à Monsieur Mesureur que G...
est mort à Verdun, qu'il est perdu dans un
grand champ de bataille comme un jour il fut
trouvé dans la rue. »

CERTIFICAT DE M. LE DIRECTEUR
DE L'ASSISTANCE PUBLIQUE

*Vous m'avez demandé d'attester l'authenticité des
dernières paroles prononcées par mon pupille G...,
tombé au champ d'honneur le 22 mai 1916.*

*Je m'empresse de vous adresser copie exacte de
la lettre par laquelle le Lieutenant VOISIN, du
36ᵉ Régiment d'Infanterie, me les a rapportées :*

« J'avais toujours pensé, mais le temps m'avait
« manqué jusqu'alors, à vous entretenir des dernières
« paroles du jeune G..., un de mes excellents petits
« soldats et l'un de vos assistés. Il a été tué à
« Verdun, le 22 mai 1916, à l'attaque de la forte-
« resse de Douaumont ; il est resté avant le boyau
« de Vigouroux, notre objectif.

« En revisant mes notes de campagne, je retrouve
« le passage de sa mort et ses derniers mots. Je me
« fais donc un devoir, et c'est pour moi un honneur,
« de porter à votre connaissance la phrase ci-dessous
« que j'ai recueillie sur le champ de bataille :

« Ecrivez à M. Mesureur que G... est mort à
« Verdun, qu'il est perdu dans un grand champ de
« bataille comme un jour il fut trouvé dans la rue. »

Veuillez agréer, Monsieur le Président, l'assurance
de ma considération distinguée.

Le Directeur
de l'Administration Générale
de l'Assistance Publique :

Louis MOURIER.

*Lettre écrite par le Sergent Auguste GARROT,
aîné de quinze enfants, 158° Régiment d'Infanterie, tombé au champ d'honneur le 6 Avril 1916.*

MES CHERS PARENTS,

Si le grand malheur arrive, soyez forts pour le supporter ; vous saurez que votre fils est tombé d'une mort glorieuse, face à l'ennemi.

C'est vous que j'ai défendus, mes chers parents, c'est ma Patrie, c'est la grande République, une et indivisible.

Grâce au sang versé naîtra la paix dont mes frères jouiront. J'étais l'aîné, il était juste que je les défende ; ils ne connaîtront jamais, heureusement, les horreurs de la guerre.

Père, tu peux être sûr que ton fils n'aura pas eu une minute de défaillance.

Oh ! papa, maman, et vous tous mes frères et sœurs, jusqu'au bout j'aurai eu vos noms sur mes lèvres.

Adieu. Vive la France !

Auguste GARROT.

*Lettre écrite par GAUDARD, quelques mois avant
de tomber au champ d'honneur, dans l'Aisne.*

Hagiang, 7 Mars 1915.

Chef de l'atelier de l'Artillerie
HAGIANG (Tonkin)

MON CHER EDMOND,

J'ai à Sontay reçu ta lettre et n'y ai pas répondu plus tôt parce que je pensais être rapatrié pour pouvoir prendre part à la guerre. Hélas! le sort m'est contraire et je dois rester à la frontière de Chine pendant qu'en France on se bat tout le long de celles du Nord et de l'Est. Et je ne suis pas seul dans mon cas. Ce n'est vraiment pas gai de se trouver, après vingt ans passés de service, à quatre mille lieues de son pays pendant que celui-ci a besoin de défenseurs. Or, je croyais pouvoir prétendre me rendre quelque peu utile, mais le sort et le commandement en décident autrement! Alors, il faut obéir, c'est dur en l'occurrence!!!

Encore une fois avons-nous la chance de voir la Franche-Comté épargnée.

J'ai passé de bien mauvais moments en pensant

à vous et vos familles restés à Paris, au moment où
ces brigands s'approchaient à marches forcées de
la capitale. Je revoyais possibles les horreurs et la
famine du siège précédent et je me figurais qu'à
temps tu aurais rejoint Etrappe pour éviter le péril
que je vise ci-dessus ; car il n'aurait pas fallu songer
à aller chez Julia, en cas de désastre, sa maison
était destinée à être abattue la toute première, de
par sa situation au pied du fort La Chaux ; il aurait
fallu au contraire qu'elle-même se réfugie à Etrappe.
Vous n'y auriez pas été grands seigneurs, ni les
uns et les autres, mais cela eût mieux valu que
rester à Paris.

As-tu eu des nouvelles du gamin ? Je suppose
que oui. Toutefois, il est possible que, fait prisonnier, il ne lui soit pas possible de faire savoir où
il est.

Je sais que François est rentré à Sochaux, où il
travaille aux automobiles, que Daclin est en Alsace,
qu'Edmond, d'Etrappe, est enrôlé. On m'a annoncé
la mort de plusieurs soldats de chez nous, la capture
de quelques autres. Et moi, mon cher frère, pendant ce temps, je ne fais rien, ou du moins pas mon
devoir de fils de Franche-Comté.

Je suppose que vous êtes en bonne santé. J'espère
aussi que, malgré le marasme des affaires, tu trouves
à t'employer et ce, dans Paris même, en raison du
départ de tous les hommes ayant l'âge de prendre
les armes.

Je ne sais quand j'écrirai de nouveau ; si la chance voulait que je rentre, je te ferais savoir mon arrivée en France depuis Marseille. Je finis mon séjour le 22 Juin prochain. La guerre durera encore plus tard, alors tant mieux pour moi, car j'y prendrai part. C'est, Edmond, mon plus grand, mon seul désir. Si j'y reste, eh bien, vive la France ! ! !

Embrasse tout le monde pour celui qui est et restera l'onchot.

GAUDARD.

Lettre écrite par le Maréchal des Logis Henri GAVARD, 21ᵉ Chasseurs à cheval, tombé au champ d'honneur.

MA BIEN CHÈRE PETITE MAMAN,

Sois courageuse et ne te laisse pas abattre par la triste nouvelle de ma mort que je tiens à t'apprendre moi-même.

Oui, ma pauvre maman, comme tant d'autres, j'ai payé de mon sang mon tribut à notre belle Patrie. Il est toujours terrible de perdre ses enfants, mais songe combien tu peux être fière en pensant que tes deux fils sont morts en défendant l'honneur et la grandeur de notre France. Nous avons été à la peine : par toi qui dois nous survivre et qui vivras nous serons à la Victoire. Ce sera, sois-en sûre, bien chère petite maman, notre plus belle consolation.

Je demande à mon officier, Monsieur CARF, 21ᵉ Chasseurs à cheval, 128ᵉ Division, S. P. 48, par ma lettre rédigée en même temps que celle-ci, de te faire parvenir toutes mes affaires et de me faire enterrer, si c'est possible, dans un cimetière. Tu pourras correspondre avec lui à ce sujet.

Inutile d'annoncer ma mort à grand renfort de publicité, simplement, tout simplement aux amis.

Sois forte, ne te laisse pas décourager par ma disparition et vis pour le souvenir de tes deux fils.

Par l'au delà, si la vie se poursuit, nous nous retrouverons un jour. En attendant, je te donne, pour la dernière fois ici-bas, mes plus tendres, mes plus affectueux, mes plus reconnaissants baisers.

Au revoir à tous.

Ton HENRI.

...Si, les ailes brisées un jour dans le ciel bleu,
je retombe sur la terre en retournant à Dieu, que
ces lignes apportent à ma mère et à mon père les
pensées dernières, les désirs, les rêves suprêmes de
leur fils tant aimé !

Dès que l'avion mortellement blessé refusera tout
travail, dès que l'accomplissement de ma mission
sera impossible et ma tâche sur terre terminée, dès
que la chute se précipitera, à quelques mètres à
peine au-dessus du vacarme de la bataille, une paix
infinie depuis longtemps attendue m'envahira et je
la chanterai de toute mon âme : *Gloria in excelsis
Deo!*... Oh ! ces quelques secondes devant la souffrance et la mort, dont le monde a une telle horreur qu'il essaiera de les cacher comme abominables,
vous les bénissez avec moi : elles sont une faveur
du juge souverain.

A mesure que mon corps frissonnant s'approchera du sol, mon âme remontera plus légère à des hauteurs inconnues, la séparation se fera victorieuse.

Ce sera le *Magnificat* complet : la prière d'adoration au seul Dieu grand et miséricordieux, la prière d'action de grâce pour ce qui m'a été donné avec tant de largesse de tous côtés, la prière d'expiation plus pour ce que j'ai omis que pour ce que j'ai fait; et puis l'appel suppliant qui ne peut pas ne pas être exaucé, demandant la vie éternelle, la force et la consolation pour ceux que je laisserai, la miséricorde et la gloire pour la France bien-aimée, l'arrivée du règne de Dieu, *Adveniat regnum tuum.*

Cette prière sera toute mêlée de vous, mes parents bien-aimés, car je l'ai apprise de vous par vingt-huit années de parole et d'exemple.

Elle sera calme et douce malgré les apparences, elle respirera la confiance et la paix.

Lettre écrite par le Soldat GLATIGNY, 301° d'Infanterie, tombé au champ d'honneur.

21 Octobre 1914.

MES CHERS PARENTS,

Enfin ! j'ai sur moi vos deux photographies ! Elles me sont arrivées ce matin et ont rempli mon cœur de joie et mes yeux de larmes. J'aurai ainsi — toutes les fois que je le pourrai — devant moi mes bons parents que j'aime tant et un coin du cadre où s'est déroulé le meilleur de ma vie : le jardin de Brezolles, les fenêtres du cabinet de papa et celles de votre chambre à coucher.

Je ne crois pas que maman m'ait jamais fait plus grand plaisir.

Je vous écris de bonne heure, ce matin, car il faut absolument que je vous écrive aujourd'hui. Voici pourquoi. Nous sommes en toute première ligne. A 200 mètres environ, nous devinons les tranchées allemandes. Le général croit savoir que certaines de ces tranchées sont abandonnées. Il faut s'en rendre compte. Des hommes de bonne volonté ont été demandés pour cette mission assez périlleuse, mais très délicate. Deux se sont présentés, dont moi. Prudemment et lentement, avançant à plat ventre, dans une marche rampante, que nous faciliteront les gros arbres de la forêt dans laquelle nous sommes, nous tâcherons d'aller jusqu'à ces tranchées dont l'emplacement approximatif nous a été indiqué. Si nous sommes reçus à coups de fusil, c'est que l'ennemi n'aura pas déguerpi, et il faudra revenir si nous ne sommes pas atteints. Si nous allons jusqu'au bout, le renseignement sera précieux et j'aurai rendu ainsi quelque service.

Il est 10 heures 15. Un capitaine d'artillerie vient d'arriver à nos tranchées pour causer avec nous. L'artillerie va tâcher de nous faciliter l'exécution de notre mission. Son tir cessera à midi et demi, et nous partirons à une heure un quart, suivis du regard, certes avec anxiété, par nos camarades et nos officiers.

Et maintenant, ne me reprochez pas de m'être offert pour cette petite expédition. Le devoir est différent pour chacun. J'estime que le mien me commande cette conduite.

Avant de partir, je remettrai cette lettre à un ami. Si elle vous arrive sans d'autres renseignements sur mon équipée, c'est que j'y serai resté.

Et maintenant, je vais manger une bouchée.

1 heure 10. L'heure du départ est sonnée. Je
viens de regarder encore vos photographies et de
les embrasser, et maintenant je pars confiant et
résolu.

GLATIGNY.

*Lettre écrite par le Lieutenant Maurice GOBERT,
110ᵉ Régiment d'Infanterie, tombé au champ
d'honneur, le 5 Octobre 1915, à Somme-Py.*

Aux trois êtres qui me sont chers :

A ma Mère, a mon Epouse et a mon Fils,

En cet instant suprême, à la veille de partir au feu, je vous réunis en une même tendresse.

Si le destin cruel doit me séparer de vous, sachez bien que ma dernière pensée sera pour vous. Soyez braves, demeurez bien Françaises en face de l'adversité. Vous devez vivre encore pour mon fils. Lui, le cher petit, ne souffrira sans doute pas beaucoup de ma disparition, il est de vous trois le privilégié.

Toi, ma chère mère, tu supporteras avec courage cette dure épreuve. Ensemble nous avons passé de cruels moments. Le sort semblait depuis quelque temps nous être favorable. Si je dois te quitter, tu demeureras pour venir de temps à autre me dire bonjour là-bas où sont déjà ceux qui m'ont précédé. Tu auras la sublime consolation de songer que je suis mort en faisant mon devoir, nimbé d'un peu de gloire.

Partage cette pensée, ma pauvre petite Marie. Il est encore bien tôt pour que je t'abandonne, et j'aurais voulu vivre avec toi beaucoup d'années de bonheur et d'amour. Maintenant que je suis disparu, tu deviendras le seul soutien de notre chéri.

Pardonne-moi de ne pas vous laisser à tous une situation meilleure. J'aurais voulu voir votre avenir assuré.

Lorsque ta douleur sera un peu calmée, mets-toi à la tâche, veille sur lui comme je l'aurais fait avec toi.

Rappelle-lui bien que, dans la vie, le devoir est parfois pénible, mais qu'il doit passer avant tout. Dis-lui, lorsqu'il sera en âge de le comprendre, qu'il n'est dans la vie qu'un seul chemin, celui de la vertu. Bien que je ne prétende nullement me poser en modèle, cite-lui mon exemple, raconte-lui que je suis mort en bon Français et que, si la Patrie le réclame, il doit suivre le même chemin que moi.

Allons, adieu. Tous trois, je vous embrasse mille et mille fois par la pensée, en vous souhaitant une dernière fois beaucoup de courage.

Votre très affectueux

Maurice GOBERT.

Lettre écrite par Léon-Pierre GRENIER, 140
Régiment d'Infanterie, tombé au champ d'hon-
neur, à Douaumont, le 19 Mars 1916.

Grenoble, le 18 Septembre 1915.

FIAT !!!

MON TRÈS CHER JOSEPH,

Ainsi que tu as dû l'apprendre brièvement, ma situation est changée et me voilà à nouveau dans le service armé, prêt à endosser le sac et à reprendre le « Lebel ».

Je ne me plains pas, car Dieu m'a peut-être exaucé, car comme je le lui ai souvent dit : j'aimerais mieux partir que de te voir partir maintenant que tu es marié. Enfin, c'est sa volonté qui se manifeste et, comme ce matin, je redis : « FIAT ! »

Je pense quitter Grenoble lundi 20 courant, pour aller m'entraîner, car je suis mobilisable depuis fin février 1914, ce qui me donne l'espoir de partir au premier convoi ; au 140°, cela va rondement.

Je pars plein de courage bien que j'aie le pressentiment que je n'en reviendrai pas ; cependant, avec quel courage plus grand encore j'y serais allé si j'avais pu embrasser une dernière fois ceux que j'aime... mais il n'y faut pas penser. Mais toi, cher Joseph, qui maintenant jouis du tarif militaire, est-ce que tu ne pourrais pas venir me voir avant mon départ ? Si oui, fais-le, car je t'embrasserai doublement de cœur pour maman et pour toi. Si cela est possible, dis-le-moi et attends ma nouvelle adresse.

J'ai demandé plusieurs choses à maman, en outre le petit revolver de poche ; c'est une chose précieuse, car si l'on est désarmé ou si l'on a perdu son fusil, si, blessé, vous vous voyez prêt à être achevé, une arme petite, maniable, n'est pas de reste pour sa défense ; les blessés en ont tellement reconnu l'utilité que tous, ou presque, s'en munissent avant de partir. Tâche de me le faire parvenir.

Je regrette de vous donner tant de tracas, et peut-être diras-tu que ma personne ne vaut pas la peine de tant se tracasser pour elle ; c'est vrai et j'en conviens ; aussi, faites comme vous voudrez... Surtout, priez un peu pour moi et, quoi qu'il arrive, sachez que je vous ai toujours aimés.

Je m'arrête car je deviens triste malgré moi, je t'embrasse de tout cœur ainsi que ton épouse, que je regrette de ne pas avoir connue.

Ton frère qui t'aime,

PIERRE.

7.

Lettre écrite par Auguste GROENER, tombé au champ d'honneur le 4 Août 1918.

MA CHÈRE MÈRE,

Montons ce soir pour attaquer. A Dieu vat ! si je meurs face aux Boches. Prends confiance, c'est pour la France et pour garder ta maison.
Adieu, derniers baisers.

GROENER.

Lettre écrite à sa mère par le Lieutenant Henri GROS, 86° Régiment d'Infanterie, tombé au champ d'honneur, à Vermandovillers (Somme), le 17 Septembre 1916.

3 Septembre.

D'ici quelques jours, tu liras sur les journaux le récit de grands événements. Tu seras fière de songer que ton fils y participe.

Je n'ai nulle crainte que le fardeau de mon commandement soit trop lourd pour mes épaules. Je saurai en accepter les responsabilités et les devoirs. D'ailleurs en moi, comme pour la plupart des officiers, il y a deux hommes : le chef sérieux et juste et qui a plus que son âge ; l'homme privé souvent gosse et aimant à s'amuser. Ils savent tous deux rester à leur place et ne pas empiéter sur leur domaine.

Mes meilleurs et mes plus tendres baisers.

HENRI.

Lettre écrite par le Sous-Lieutenant GUERIN, du 269ᵉ Régiment d'Infanterie, mort au champ d'honneur quelques mois plus tard, aux parents de son ami mort glorieusement quelques jours avant.

Cher Monsieur, chère Madame,

Aujourd'hui seulement je trouve le courage de vous écrire, après être bien sûr que vous ayez appris la mort glorieuse de votre fils bien-aimé, mon frère d'armes, mort comme je veux et espère mourir, en défendant le sol sacré de notre France au nom du Droit, de la Civilisation et de la Liberté.

Dans nos conversations amicales, — car, lorsque le service nous laissait un instant, nous étions l'un près de l'autre, discutant la grande chose que l'on puisse faire pour sa Patrie, — nous nous disions : « Quoi que nous fassions, nous ne serons jamais aussi grands que ceux qui sont morts. »

Et, quand la bataille a été finie, mon premier devoir a été d'aller fleurir sa tombe, et les larmes que j'ai versées ne sont pas seulement des larmes de regret, mais d'admiration. Combien il m'a paru grand ce noble et héroïque ami ! Il m'a semblé qu'il me disait souriant : « Tu vois, j'ai passé devant toi. »

Nous avions été cités à l'ordre du jour en accomplissant en Lorraine la même action, fiers de posséder la première citation du 269e. Pourtant, ce n'est pas la récompense qui fait la valeur de l'action. Et lorsque nous rampions dans les blés remplis de morts et de mourants, au milieu de nos ennemis, pour aller chercher une mitrailleuse, ce brave Lecomte, Robert et moi, nous n'étions guidés que par le sentiment du devoir.

Plus tard, après avoir arrosé tous les deux de notre sang le sol de la Patrie, le même sentiment nous a fait revenir, à peine guéris.

Et c'est ce même sentiment qui l'a fait mourir en héros. Nous savions bien, avant la lutte, lui, Chanterel et moi, en nous faisant nos adieux, les sacrifices qu'il fallait faire, c'est-à-dire risquer sa vie dix fois plus que les hommes, être debout quand ils sont couchés, cible vivante alors qu'ils sont abrités. Ce n'est pas que les hommes le comprennent. Ils se disent, au contraire : « S'il n'était pas resté debout, il n'aurait pas été touché ». Ils ne se disent pas que s'il n'était pas resté debout, eux n'auraient pu rester couchés.

Et voilà comment votre fils est tombé mortellement en montrant l'exemple du plus beau des sacrifices.

Vous pouvez être fiers, cher Monsieur et chère Madame, de la mort héroïque de votre fils. Sa gloire rejaillira sur vous et dans vos larmes d'infini regret luira l'admiration du plus grand sacrifice consenti par un père et une mère à la Patrie. Et aux pères et aux mères qui verront leurs fils couverts de gloire et de lauriers, vous pourrez fournir l'argument indéniable : « Le mien a fait plus, il a donné sa vie. »

Vous me pardonnerez, cher Monsieur et chère Madame, si j'ai tant tardé à vous écrire, et ce n'est pas de gaieté de cœur que l'on apprend la mort d'un ami si cher, d'un si bon fils, à ses parents.

Je connais bien sa tombe et je sais ce qui me reste à faire, c'est-à-dire le venger ou mourir comme il est mort.

Recevez, Monsieur et Madame, mes condoléances les plus sincères et songez que vous n'êtes pas seuls à pleurer votre héros.

Respectueuses salutations.

GUERIN.

*Lettre écrite par le Sergent Henri GUERIN, 113^e
Régiment d'Infanterie, tombé au champ d'hon-
neur, au combat de Vouël-Tergnier, le 23 Mars
1918.*

22 Mars 1918,
3 heures 1/2 de l'après-midi.

MA SŒUR BIEN-AIMÉE,

Nous attendons toujours la soupe, la première de
la journée. Nous avons été alertés ce matin, à
4 heures, et nous avons quitté en autos-camions le
village d'où je t'ai écrit mes dernières lettres. Les
camions nous ont transportés en arrière du front
anglais, et nous sommes depuis plus d'une heure
dans un champ inculte, prêts à partir au premier
signal. Il y a donc des chances pour que nous
entrions incessamment dans la mêlée.

J'ai l'âme sereine, comme toujours, en ces heures
graves. Je suis le petit enfant du bon Dieu et il ne
m'arrivera rien que de conforme à sa volonté. Or, ce
qu'il veut pour moi, je le veux avec lui sans réserve... Je n'ai donc pas lieu de m'inquiéter...

Et j'éprouve une joie suprême à la pensée de
faire une fois de plus barrière de mon corps aux

ennemis de ma Patrie, et de contribuer à arrêter la ruée ultime qu'ils viennent d'entreprendre.

Le canon tonne sans arrêt. Nous sommes présentement hors d'atteinte de ses coups. A l'heure voulue, nous nous ébranlerons et nous vaincrons si Dieu le permet.

Ma pensée retrouve les chères vôtres, mon cœur s'unit à vos cœurs plus fortement que jamais.

En hâte ! baisers fortement doux et tendres à partager avec notre chère petite mère, avec le bon Noël et Daniel.

Je te presse sur mon cœur.

HENRI.

*Lettre écrite par Louis-Gustave GUIBERT, Agent
de liaison au 30ᵉ Régiment d'Infanterie, tombé au
champ d'honneur, le 25 Septembre 1915, au combat de Perthes.*

Le 24 Septembre 1915.

MA GRAND'MÈRE BIEN-AIMÉE,

Peut-être un laps de temps assez long s'écoulera
avant que je puisse à nouveau te donner de mes nouvelles. Pendant cette période d'attente, je te prie
simplement de penser un peu plus à moi et de prier
pour la France et la grandeur de notre Patrie, dont
mon cœur sensible et porté vers les arts admirera
toujours les divines productions, la belle littérature,
la musique, les objets de luxe, que sans fatuité j'ai
cru comprendre et goûter.

Je souhaite que ma prochaine lettre soit écrite de
Rethel ou de Mézières et que l'action qui va se
dérouler devienne la réalisation de cette magnifique
espérance qui ne m'a jamais abandonné et fut toujours impatiemment attendue.

En bon Français, je ferai mon devoir jusqu'au
bout. Il me semble que je rachète bien des petites

erreurs passées. Cela ne diminue en rien la vive tendresse que toute ma vie j'ai ressentie pour ma famille et pour toi, Mémée, qui fut une maman bien tendre et eut un cœur exquis de grand'mère.

Si la joie immense m'est dévolue de me voir vainqueur guerrier sur le bord du Rhin ou plus modestement à notre frontière, je te demanderai de m'envoyer ce qui pourrait me faire besoin. Pour l'instant, je te remercie simplement de la délicieuse lettre reçue cette après-midi et je vais te rassurer : ma santé est parfaite. Je couche sur la dure ! Mais que seront les jours à venir à côté de ceux que je passe ? Ne me plains pas. Espère. Je te reviendrai un jour très fier, mais très doux, et si les privations momentanées m'ont amaigri un peu, sache que je suis bien plus élégant encore que par le passé.

Je suis (tu me le demandes) cycliste du capitaine Brun, mais appartiens à la 2ᵉ Compagnie du 1ᵉʳ Bataillon. Voilà pourquoi mes adresses sont dissemblables. J'aime mon chef. Il m'estime beaucoup... c'est une raison de ma confiance. Ma tendresse pour toi est un réconfort moral précieux et les baisers que je t'envoie sont enthousiastes.

GUIBERT.

Lettre écrite par HARDY, pupille de l'Assistance publique, tombé au champ d'honneur.

« A faire parvenir à Monsieur le Commandant P..., si je ne suis pas revenu le mercredi... à six heures du matin. »

MON COMMANDANT,

Ayant une mission, petite, il est vrai, mais assez hasardeuse, le lieutenant m'a fait l'honneur de m'y envoyer ; c'est donc sans déplaisir que je pars, car c'est plutôt ma place qu'à n'importe lequel. Mais, comme il se peut que j'y reste, je vous remercie, ainsi que Mademoiselle Y...., d'avoir pensé à m'envoyer un œuf de Pâques. Aussi, mon Commandant, permettez-moi de vous remercier.

En avant ! Vive la France !

HARDY.

Si vous recevez cette carte, c'est que je serai tombé pour toujours.

En avant quand même !

HARDY.

Lettre écrite par le Sergent André D'HARME-NON, 20ᵉ Bataillon de Chasseurs à pied, tombé au champ d'honneur le 6 Juin 1915.

5 Juin 1915.

MES CHERS PARENTS,

De la tranchée où me « revoici » pour la dixième fois, ces quelques mots que je veux avant tout très tendres.

Pardonnez-moi si mes lettres ne le sont pas toujours autant que vous le désirez et autant que je le voudrais moi-même ; cela tient à ma grande lassitude d'esprit et à mon cœur que cette horrible guerre a endurci.

Je vous aime de tout mon cœur et vous remercie de toutes vos bontés.

Merci à ma bonne tante Alice de ses paquets qui me sont parvenus hier. Je vous écris sur le parapet de la tranchée.

Il est 8 heures 1/2 du soir, je ne vois plus. Je vous embrasse de toutes mes forces.

Votre ANDRE.

Lettre écrite par le soldat Henri HILLAIRE,
11ᵉ Cuirassiers, tombé au champ d'honneur.

Les tranchées, à 21 heures,
le 25 Septembre 1918,

BIEN CHER PAPA,

BIEN CHÈRE MAMAN,

Si ces quelques mots vous parviennent, ce sera que votre Riri ne sera plus.

Je suis en ligne, ma lettre de ce matin a dû vous le dire. Nous allons attaquer ; nous sortons des tranchées à 2 heures 30 demain matin. Encore quelques heures et nous bondirons sur l'ennemi. Ma dernière pensée aura été pour vous, mes chéris. Je sais que si cette lettre vous parvient c'est fini pour vous : la joie, la gaîté disparaîtront pour toujours de cette maisonnette où nous étions si bien. Mais courage, de là-haut votre Riri veillera et attendra que la suprême réunion se fasse pour vous dire tout...

Sachez qu'il vous a aimés et adorés, ma lettre quotidienne a dû vous le prouver.

Adieu donc, mon Papanou, adieu donc ma Mamanette, adieu à tous ceux que j'ai aimés.

Votre Riri qui vous aime.

*Lettre écrite par le Sous-Lieutenant Marc HU-
BERT, 8ᵉ Génie, blessé mortellement le 23 Septembre 1917.*

24 Septembre 1917.

Mon cher Papa,

Je te mets quelques lignes pour te montrer d'abord
que je ne suis pas grièvement atteint : un obus, tom-
bant sur ma cagna, m'a fracturé la jambe. C'est
tout... étant un peu fatigué, je passe la plume à mon
camarade Maillet (le radio du Commandant).

*Lettre écrite par le Lieutenant Joseph JEANNIN,
103ᵉ Régiment d'Infanterie, blessé à Ethe, le
22 Août 1914, victime des atrocités allemandes
à l'ambulance de Gomery, mort pour la France,
au feld-lazareth de Vezin-Charency, le 27 Août
1914 (Meurthe-et-Moselle).*

Paris, 2 Août 1914.

MON CHER JULES, CHÈRES SŒURS,

Je vous écris collectivement puisque, surpris par
les événements, vous devez être encore réunis ; en
tout cas, si Monique et Guite ont repris la route de
Provence, veuillez faire suivre.

Je me trouve à Paris, mobilisant avec le 103ᵉ et
je prendrai dans quelques jours les routes d'invasion
vers l'Allemagne, je l'espère fermement.

J'aurai probablement la satisfaction de conduire
ma compagnie au feu, comme commandant de compagnie, et soyez persuadés que je ferai taper ferme.
On ne peut pas présager l'avenir ; mais notre cause
est juste, puisqu'on nous attaque, et j'ai la profonde
conviction qu'on peut tout espérer. Pauvre papa,
serait-il heureux, s'il voyait l'élan français, lui qui
tressaillait à la moindre alerte.

J'ai quitté ce matin, pour toujours peut-être, ma pauvre chère Madon et mes deux mignons. Ce fut bien dur, grand Dieu !

Vous savez tous, chers père et sœurs, quelle affection j'ai toujours eue pour vous ; mon grand regret est de ne point vous revoir avant de me jeter corps et âme dans la fournaise.

Si le sort veut que je tombe au champ d'honneur, ne pleurez point, mais, en souvenir de moi, veillez sur les êtres si chers que je laisserai... Je vous confie ma chère femme, j'ai admiré son courage ce matin, mais quelles transes pour elle maintenant, seule et immobilisée à Saint-Cyr ; je vous confie ma petite Monette et mon petit André, si je viens à leur manquer qu'ils ne s'aperçoivent pas qu'ils n'ont plus de papa.

Mais au loin les tristes présages, car je compte bien revenir dans les rangs de nos armées victorieuses. Quel coup de torchon ! mes aïeux ! je crois que les Prussiens paieront cher leurs menées hypocrites et leur folie sanglante. La population, ici, est admirable de calme et de froide résolution, et c'est un état d'esprit général. C'est la guerre au couteau qu'ils auront voulue, je suis persuadé qu'on les servira en conséquence. J'ai vu aujourd'hui dans la foule plusieurs faits touchants de patriotisme se produire : un ouvrier arrachant, sur la place des Invalides, une carte d'Etat-Major à un monsieur qu'il supposait être un Allemand, et me l'apportant;

un camelot vendait ses journaux, mais les donnait à
l'œil aux officiers et aux soldats, parce qu'il allait
partir lui-même pour la frontière ; ce ne sont pas des
faits isolés ; une nation comme la France, animée
de ces sentiments, est mûre pour le succès.

Mes aspirants, en même temps que moi, ont
rejoint leurs régiments, ils exultaient tous. Charles
doit être à son poste. Où ? je l'ignore, mais quel
beau début de carrière pour un officier.

Et maintenant courage, mon cher Jules, mes
chères sœurs. Nous allons traverser la période la
plus dure que le monde ait vécue, soyons à la hauteur de notre tâche.

Je vous embrasse bien tendrement.

Votre frère,

J. JEANNIN.

18 Juin 1915.

MON CHER PAPA, MA CHÈRE MAMAN,

Depuis quelques jours, je vous écris régulièrement. Je n'ai pas reçu de vos nouvelles. Je pense néanmoins que ma lettre vous trouvera toujours en bonne santé et toujours bien courageux, comme vous l'avez été jusqu'ici. Allons ! soyez-le encore plus aujourd'hui. C'est la volonté de votre petit Doudou, de votre grand Henri.

Si cette lettre vous parvient, voyez-vous, c'est que la France m'aura voulu tout entier. J'aurai fait mon devoir, comme les autres, pas plus. J'en suis fier, et vous devez l'être aussi de savoir que votre enfant est mort vaillamment, qu'il a vu la mort avec gaîté et délivrance, l'âme complètement tranquille. Pourquoi en avoir peur ? Vous rappelez-vous de ce soir-là où j'ai parlé avec papa sur la mort, sur sa douceur que je réclame. Ne me délivre-t-elle pas d'une vie que je n'ai pu qu'entrevoir et à laquelle je n'ai pu goûter, si j'ose dire, sous un jour âpre et terrifiant. Où sont les douces années de ma toute petite enfance, lorsque j'allais me consoler dans les bras d'une aussi bonne maman, d'un aussi bon papa que j'avais. Ici, je suis seul, pour me consoler de ne pouvoir vous embrasser, de ne pouvoir vous serrer dans mes bras, je suis encore seul. Si ce n'était ça, rien ne m'aurait coûté d'aller voir là-haut le beau résultat de la grande bataille. Aussi, en vous écrivant cette lettre, ce dernier adieu, je viens vous remercier de la tendre, de la douce affection que vous m'avez toujours témoignée. Pardon aussi de l'avoir connu trop tard, pardon d'avoir oublié mes devoirs d'enfant, pardon de tout ce que vous ne savez pas. Enfant je l'étais et c'est la guerre, la dure campagne qui m'a mûri, vieilli, qui a fait de moi un homme à 20 ans.

Allons, courage ! refoulez vos larmes et ne vous abandonnez pas dans un chagrin qui pourrait abréger les quelques jours de tranquillité, de paix que vous trouverez auprès de mon petit frère quand il reviendra, lui ; montrez-lui cette lettre qui devra lui faire comprendre que si je meurs tranquille, c'est que je pense bien à sa présence. Il saura adoucir par tous les moyens les jours heureux qui vous restent à passer ensemble.

Promettez-moi aussi de vivre heureux jusqu'au moment où le bon Dieu jugera que vous veniez me retrouver.

Peut être qu'un jour vous viendrez rechercher mes restes dans cette Belgique, la vraie, pas celle dont le sol a été foulé par d'impies barbares. Mon seul bonheur est de penser que vous viendrez me rechercher et qu'un jour je reposerai près de vous, à Marcey, que j'aurais tant souhaité revoir.

Faites mes adieux aux personnes amies, à tous ceux qui ne m'ont pas encore oublié.

Quant à vous, adieu, au revoir, mon bon papa, ma bonne maman. Je vous ai aimés, vous m'avez tout pardonné. Je vous embrasse pour la dernière fois bien bien fort.

Votre petit Henri mort pour la France.

Courage !

*Lettre écrite par Albert JULHIEN, 6ᵉ Bataillon
de Chasseurs Alpins, tombé au bois de Berthon-
val le 20 Décembre 1914.*

19 Décembre 1914.

Mes chères Tantes,

Si vous recevez cette lettre, mes chères tantes,
c'est que, suivant mon pressentiment, l'attaque qui
se prépare m'a été fatale. Si je vous confie la triste
mission d'en avertir mes chers papa et maman, c'est
que je sais que, dans la religion, vous saurez trouver les paroles de consolation qui leur seront si nécessaires en ces tristes moments et que votre grande
affection vous dictera les précautions à prendre pour
atténuer la douleur que leur causera certainement
cette nouvelle.

Pour moi, j'ai la certitude d'avoir fait mon devoir
de Français jusqu'au bout et c'est sans amertume
que je fais à notre belle France le sacrifice de ma
vie.

Notre cause est belle et elle triomphera certainement. Heureux ceux qui verront le triomphe, mais

il ne faut point pleurer ceux qui y sont restés pour y contribuer, afin de ne pas diminuer la joie du triomphe.

Pourquoi ai-je pris tant de précautions ces jours-ci ? Probablement que le bon Dieu a voulu qu'à vous tous j'aie le temps de lancer un dernier adieu.

Adieu, mes chères tantes, je mets dans mes caresses toute ma tendresse, et encore une fois je vous recommande ma chère famille. Dites-leur bien que ma dernière pensée a été pour eux et que, si je les ai précédés là-haut, c'est pour préparer la place où bientôt nous nous réunirons tous.

A vous de tout cœur.

BEBERT.

Le 15 Avril 1917.

MES CHERS PARENTS BIEN-AIMÉS,

Je n'ai que le temps de vous écrire ces quelques lignes, écrites avant mon départ vous savez où, je vous l'ai dit dans ma dernière lettre.

Je me remets tout entier dans la Providence divine, dans le cœur de Dieu. Puisse Dieu avoir pitié de vous et de moi, il a toujours eu pitié des nombreuses familles.

Ce soir, si je peux, j'irai une dernière fois le remercier de toutes les grâces qu'il nous a accordées jusqu'à ce jour. Oui, remercions-le ensemble et dans une fervente prière prenons confiance.

Je reviendrai, mais si toutefois le bon Dieu veut mettre fin à ma vie, ne pleurez pas, les vrais chrétiens ne pleurent pas puisqu'ils retrouvent ceux qu'ils ont perdus là-haut dans le ciel.

Je serai probablement longtemps sans vous écrire,

cela dépendra, mais aussitôt que je pourrai le faire je vous écrirai un mot. Je n'ai pas changé de secteur depuis Verdun.

Donc, au revoir, chers parents, et confiance, priez pour moi, à bientôt.

Je vous embrasse tous deux, embrassez pour moi Simone, Jeannette, Marthe, André.

Votre fils qui vous aime de tout cœur,

PIERRE.

Du front, le 20 Septembre 1915.

CHER MONSIEUR LASSON,

C'est tout heureux que je viens de recevoir votre
aimable carte. J'ai donné également de mes nouvelles à Madame Lasson, en réponse d'une carte
que m'avait envoyée notre chère petite Nénette ;
vous en a-t-elle causé sur ses petites mignonnes
lettres ?

Je vois que vous vous êtes fait avec cette nouvelle vie et que vous êtes prêt à tout supporter pour
contribuer avec toutes vos forces à la défense de
notre chère Patrie.

Il faut que je vous gronde un peu !... Vous le
permettez, n'est-ce pas ? Oh ! ne tremblez pas déjà,
car je ne suis pas trop terrible, allez.

Sur votre dernière lettre, vous me parlez de vos
travaux, du rendement colossal que vous devez produire, de l'effervescence qui nuit et jour règne dans

vos ateliers. C'est heureux, c'est beau, c'est merveilleux, c'est admirable. Et vous, quelle est votre déduction de tout cela ? Que la guerre ne touche pas à sa fin, loin de là !...

Ah ! non, par exemple, vous voyez de trop belles choses pour penser comme cela !...

Voyons, vous êtes là, vous voyez avec quelle rapidité le génie français se montre dans toute sa beauté et dans tout son développement.

Dans un an, la France a trouvé le moyen d'être plus prête que l'Allemagne dans quarante ans.

Chaque jour, notre puissance s'affirme davantage. Nos ennemis le sentent, et il faut que nous, depuis le simple pioupiou jusqu'au plus haut gradé, depuis le combattant jusqu'au peuple qui nous regarde et nous observe, il faut que nous sachions que nous sommes les plus forts.

On installe de nouvelles machines et aussitôt vous pensez : « tout cela prouve que la guerre ne tire pas à sa fin ».

Que diriez-vous, si je vous disais, moi, que cela prouve le contraire ?

Si l'on installe tout un machinisme nouveau, c'est sûrement pour fabriquer plus vite. Si l'on fabrique plus vite, c'est que les besoins se font plus pressants. Pensez-vous donc, si nous faisions une nouvelle campagne d'hiver, que nous n'aurions pas, en restant sur la défensive, le temps, pendant cinq ou six mois encore, de préparer des munitions en vue de l'offensive prochaine, et cela sans faire des modifications dans nos ateliers ?

Il faut une fin prochaine à tout cela. Une seconde campagne d'hiver, c'est la ruine de l'Allemagne, la misère chez nous, la mort lente, triste, effrayante, des habitants de la tranchée, c'est une chose que l'on envisage, mais qui, pour moi, ne se fera pas.

Pour moi, d'un côté ou de l'autre, doit se tenter un grand coup, qui sera décisif. Si les deux partis résistent à ce choc formidable, qui sera le dernier, il ne nous restera plus qu'à attendre, à patienter, jusqu'à ce que l'Allemagne dise : « Eh bien !... j'en ai assez ».

Mais cela n'arrivera pas, car que les Boches nous attaquent ou que nous le fassions, quand toutes les nations civilisées seront debout contre ce chef bandit du militarisme prussien, ils seront battus, c'est indiscutable. Ah ! ce cri que le Juif Errant de la légende entendait retentir au-dessus de sa tête, chaque fois que, ruisselant de sueur, brisé de lassitude, il tentait de s'arrêter : « *Marche* ». C'est à l'humanité tout entière que sa conscience crie aujourd'hui : « Marche à travers les obstacles, parmi les périls, malgré la mort, marche... sans repos, sans trêve, jusqu'au bout, jusqu'au bout, jusqu'à la victoire, jusqu'au sommet baigné de lumière d'où — le passé n'étant plus sous tes pieds qu'une ombre en train de s'effacer — tu verras se lever, dans un éblouissement, l'aube de l'avenir ».

Comment vous l'expliquer, ce serait un livre à faire, mais tous ceux qui sont là au front le comprennent et le sentent bien. Vous verrez que pour Carnaval nous aurons presque fini. Vous serez chez vous, et j'espère bien manger un poulet avec vous. C'est entendu.

Allons, secouez-moi un peu tous ces gens-là qui se font un mauvais sang et qui voient tout sous un mauvais jour. Mais nous, qui sommes ici, nous sommes toujours contents. On s'encourage soi-même, on se dit ce que je vous raconte, on a le pouvoir de se persuader doucement, et c'est ce qui fait notre patience et notre calme.

Comprenez-vous notre secret ?

Pour ce que je vous disais l'autre jour, c'est accepté. Je sais que je ne ferai pas cela comme qui s'amuse, ça m'est égal. Mais si je réussis, je sais bien qu'ainsi des camarades seront sauvés, et peut-être aussi de cela dépendra un heureux succès pour nos armes. Quand dois-je rentrer en action ? Je l'ignore, mais enfin cela arrivera.

Je souhaite fort de réussir et, si je suis tué, je désire ne l'être qu'après avoir terminé mon travail.

Enfin, soyez tranquille, nous ferons tout notre possible pour obtenir le succès et nous réussirons. C'est égal, ce sera terrible, mais nous allons assister à quelque chose de beau.

Je vais terminer ma lettre, cher Monsieur Lasson,

après vous avoir souhaité bon courage et en espérant
vous voir bientôt.

Allons, adieu, bonne santé.
Vive la France !

EMILE.

*Lettre écrite par l'Aspirant LAGORCE, Augustin-
Pierre-Edouard, 89ᵉ Régiment d'Infanterie, tombé
au champ d'honneur, le 25 Septembre 1916, à
Bouchavesnes (Somme).*

24 Septembre 1916, 6 heures.

Départ ce soir. Très probablement pour après-
demain. Excellentes dispositions. Tout va bien et
je me sens plein de confiance en Dieu et en moi-
même.

Mille et mille baisers.

EDOUARD.

*Lettre écrite par l'Aspirant Alexis LAMBLOT,
210ᵉ Régiment d'Infanterie, tombé au champ
d'honneur, le 31 Mars 1917, à Koritia (Albanie).*

15 Mars 1917.

CHERS PARENTS,

Voilà cinq jours que le 210ᵉ attaque sur la rive gauche du lac de Prespa ; le 6ᵉ bataillon, dont je fais partie, est parti l'avant-dernière nuit pour attaquer à son tour, mais a été rappelé à l'arrière au moment où j'allais aborder les Allemands avec ma section. J'ai été chargé par le commandant de protéger la retraite du bataillon.

Voilà la situation, pas brillante, il est vrai, mais pas désespérée ; il est fort probable que nous repartirons à l'attaque cette nuit peut-être et je voudrais vous dire adieu avant.

Quand vous recevrez ces mots, je serai certainement mort.

Croyez que j'aurai fait mon devoir de Français et de chef comme tous ceux qui sont tombés jusqu'ici.

Je viens vous demander de me pardonner tout le mal que j'ai pu vous causer durant ma vie...

Je vous demanderai de conserver mon souvenir sur cette terre de France, où je n'aurai pas eu l'honneur de verser mon sang.

Au revoir, chers parents, ainsi qu'à tous mes parents et amis. J'espère vous revoir un jour au ciel.

Votre fils qui vous aime,

A. LAMBLOT.

*Lettre écrite par le Sergent Victor LAMOTHE,
119ᵉ Régiment d'Infanterie, tombé au champ
d'honneur le 15 Mai 1917.*

CHÈRE MÈRE,

Si je tombe dans la lutte actuelle, tu ouvriras cette petite lettre, elle te donnera mon dernier baiser.

Mère chérie, sois fière de ton enfant, il aura fait son devoir jusqu'au bout avec courage et foi. J'ai donné ma vie à la France, ne pleure pas, ma mort est belle, est grande, je meurs content.

Adieu, mère chérie, merci de tous tes bons soins, que ta santé soit toujours bonne et grand soit ton courage.

Je t'embrasse une dernière fois.

Adieu, mère, adieu ! ! !

Ton fils qui t'aime,

VICTOR.

Jean DE LANGENHAGER appartenait à une famille de médecins, il se sentit attiré par vocation vers la médecine, et prit quatre inscriptions à la Faculté de Paris. Il achevait sa première année de service militaire, au Havre, quand la guerre éclata. Ayant obtenu de partir comme soldat dans le rang, et non comme infirmier, il fit avec son régiment la partie initiale de la campagne, Charleroi, la retraite, la Marne. Blessé le 7 Septembre 1914, à la bataille de la Marne (combat de Cougivaux), il passa de longs mois dans les hôpitaux de l'arrière. Sa blessure, quoique peu grave, était mal placée : il avait eu le pied fracturé, et une saillie osseuse, due à une consolidation vicieuse, gênait la marche. Les médecins voulaient le faire passer dans le service auxiliaire. Il s'y refusa, obtint de porter une chaussure orthopédique, qui corrigeait le vice de la démarche, et, maintenu dans le service armé, rejoignit enfin le dépôt de son régiment. Là il trouva sa nomination de caporal, qui l'attendait depuis la bataille de la Marne ; mais bientôt, en exécution des ordres ministériels qui, pour combler les pertes du cadre des jeunes médecins, prescrivaient de rechercher dans les formations combattantes les étudiants en médecine, même pourvus de quatre inscriptions seulement, pour les nommer médecins auxiliaires, il fut promu à ce grade et renvoyé au front en cette qualité. D'abord affecté à un régiment territorial,

*qui gardait les lignes de l'Argonne, il passa, sur
sa demande, dans un régiment de l'active, et il
tomba, dans une attaque, frappé d'une balle en
plein cœur, en suivant, dit la citation à l'ordre de
l'armée dont il fut honoré, la vague d'assaut de
son unité, pour secourir plus rapidement les blessés.*

4 Avril 1917.

Mon cher Oncle,

. . . .

Nous nous recueillons pour l'action prochaine, qui
n'est un mystère pour personne. C'est assez proche.
Pas du tout d'enthousiasme. Mais pas du tout de
défaillance, ni même de défiance. La guerre est
devenue presque une habitude, un nouveau genre
de vie, pour mes camarades, et ils sont blasés. Ils
ne vont pas joyeusement au feu, presque ivres
d'avance d'une victoire certaine et décisive, comme
ceux de Mesnil-lès-Hurlus, de Tahure, de Massi-
ges. Ils comptent avec l'ennemi. Ils savent qu'on a
déjà fait bien des tentatives coûteuses et infruc-
tueuses. Ils savent aussi que, fatalement, un jour
viendra où une de ces tentatives sera suivie d'une

grosse avance, et ils se disent : Ce sera peut-être cette fois-ci. Ce ne sera pas un élan de patriotisme et d'abnégation. Ce sera une tâche, presque un métier, résolument entreprise, poursuivie avec patience, avec conscience, avec un courage contenu et le souci de la mener à bien. Je trouve que c'est, après trente-deux mois d'épreuves, un très beau moral.

Quant à moi, j'ose à peine m'abandonner à l'espoir que je suis peut-être appelé à prendre ma revanche d'Août-Septembre 1914. Je suis content d'avoir enfin une raison d'être. Depuis que je suis revenu au front, il y a presque un an, l'évidence de mon utilité ne m'était pas apparue. Je vais enfin vivre de grandes heures. Pourvu que mes parents soient forts ! J'aime autant les savoir à Paris, où ils pourront puiser chez vous un peu de réconfort.

Comment te dire, cher oncle Paul, à quel point j'ai été ému de savoir que tu tournais vers moi tes pensées et tes vœux. Comment t'en remercier, sinon en te disant que mon plus cher désir, si je reviens de la guerre, sera d'avoir avec toi de fréquents entretiens pour essayer de profiter de ta longue expérience des choses et des hommes, et de toute la philosophie que tu as amassée... Je termine en t'envoyant toute mon affection, et en vous embrassant, tante Marie, Henri et toi, de tout cœur.

JEAN.

— 180 —

*Lettre écrite par le Sous-Lieutenant Claude LAN-
GLE, tombé au champ d'honneur le 26 Septembre 1915.*

25 Septembre 1915.

MON CHER PAPA,

Si jamais cette lettre t'arrive, ce sera parce que
je serai tombé glorieusement dans la grande bataille
qui va achever le triomphe de la France. C'est de
bon cœur que je donne ma vie pour la plus belle de
toutes les causes. Je n'aurai que le regret de vous
faire de la peine à toi et à maman. Je vous en supplie, ne pleurez pas ; c'est si beau de mourir utile-
ment ! Nous sommes régiment d'attaque ; les jeunes
de la classe 15 vont montrer le chemin victorieux
aux vieux.

Si tu as l'occasion d'écrire à Monsieur Canivinq,
dis-lui de dire à mes camarades de Carnot de faire
comme nous, de consacrer leur vie à notre beau pays
de liberté, de se rappeler le cri de ralliement de
1915 : « En avant pour la France ! »

Je vous embrasse tous de tout mon cœur.

Claude LANGLE.

Lettre écrite par Raphaël LAPORTE, Aspirant au 215ᵉ Régiment d'Infanterie, tombé au champ d'honneur, à Crugny (Marne), le 28 Mai 1918.

Langres, 18 Mars 1915.

Cher Papa et chère Maman,

Je vous envoie tout simplement ce petit perce-neige, cueilli dans les jardins de l'hôpital le 16 Mars 1915, date bénie de mes vingt ans.

Vingt ans ! l'âge tant désiré et tant regretté. A cette heure, je n'ose leur sourire. Que vais-je bien en faire de mes vingt ans ? Aidez-moi, j'ai trop peur de les gaspiller follement et de les perdre à tout jamais.

J'ai bien réfléchi à toutes ces belles années passées. Plus j'y songe, plus je vous aime. Merci de tout cœur. Vous les avez faites belles, bien belles ; vous m'avez gâté et à quel prix ! Grand merci de votre petit soldat plein de reconnaissance. Mille fois pardon pour tous les soucis, les peines grandes et petites, les larmes que pendant ces vingt années je vous ai coûtés... Pardon, je vous aime bien quand même.

Vingt ans, être soldat : c'est toute ma fortune en ce moment, et, malgré moi, de mon cœur à mes lèvres monte la belle phrase, le beau geste du zouave de Patay. Mon cher papa et ma bien chère maman, ne vous inquiétez plus si, dans quelques semaines, je tombe frappé en faisant mon devoir ; j'aurai encore le courage de redire et de tout mon cœur :

Mon âme à Dieu, mes vingt ans à la France !...
Je vous aime.

Raphaël LAPORTE.

*Lettre écrite par le Sergent LASCOUX, François-
Pierre-Joseph, 412ᵉ Régiment d'Infanterie, tombé
au champ d'honneur, aux tranchées de la Miette,
le 4 Octobre 1915.*

Si vous recevez cette lettre, ce sera pour vous apprendre que je suis tombé au champ d'honneur et tombé en brave et en chrétien. Je dis en chrétien, car je suis prêt.

Je vous dis, non pas seulement au revoir, mais à Dieu, c'est là que je vous attends et que je vous donne rendez-vous, sûr de vous y retrouver un jour.

Soumettez-vous entièrement à la volonté de Dieu, qui a permis cet événement pour le plus grand bien de mon âme.

Regardez Marie au pied de la croix; comme elle, dites le *Fiat !*

Adieu, chère maman, consolez-vous en pensant que votre fils est mort en faisant son devoir et que sa dernière pensée aura été pour Dieu, pour la France et pour sa mère.

Rendez-vous... au ciel !

Même rendez-vous à tous ceux que j'aime.

Lettre écrite à sa sœur par le Sergent Jacques-Etienne-Benoist DE LAUMONT, du 66° Régiment d'Infanterie, tombé au champ d'honneur, le 25 Septembre 1915, à Agny-les-Arras.

24 Septembre 1915.

MA CHÈRE PETITE AMIE,

Je t'écris cette lettre à tout hasard ; demain matin, à l'aube, vers les 3 h. 1/4, 4 heures, nous partons à la charge : c'est la grande, peut-être la victorieuse offensive, comme nous l'espérons tous, comme nous en sommes tous sûrs ; nous devons percer et nous percerons, si ce n'est pas ici, c'est à côté que cela aura lieu.

Or, le 66° a l'honneur d'attaquer et le 1ᵉʳ bataillon en tête (le mien) ; je suis fier que le général nous ait jugés dignes de cet effort. Le sort est aveugle et peut me frapper, comme il peut m'épargner ; tu peux être certaine que, dans l'un comme dans l'autre cas, je ferai mon devoir, tout mon devoir.

Si je suis tué, annonce-le à maman et à papa avec de grands ménagements ; ma seule douleur, mon seul regret est que ma mort puisse vous faire de la peine à vous tous que j'aime tant ; mais pourquoi pleurer, nous nous retrouverons un jour tous ensemble, un peu plus tôt, un peu plus tard. Et puis, n'est-ce pas la plus belle mort qui soit au monde, une mort utile, une mort pour un but, pour une idée, pour un idéal. Et dans le siècle médiocre où nous sommes, cela fait du bien de se dire : « Eh bien, moi, j'aurai au moins servi à quelque chose et j'aurai la mort qui me plaît le plus. »

Je veux être enterré là où je serai tombé. Je ne veux pas être enfermé dans un cimetière où l'on étouffe. Je serai mieux et plus à ma place de soldat dans la terre de France, dans un de ces beaux champs pour lesquels je donne ma vie avec joie, je vous le jure.

Cette lettre te parviendrait seulement dans le cas où il me serait arrivé malheur.

Je vous embrasse tous qui avez été si bons pour moi et que j'aime du plus profond de mon cœur.

JACQUES.

Lettre trouvée près du corps de Georges LE BALLE, Sous-Lieutenant au 151° Régiment d'Infanterie, tombé au champ d'honneur, le 22 Août 1914, à Barlieux, bataille de Pierrepont (Meurthe-et-Moselle).

22 Août 1914..

MES CHERS PETITS PARENTS

ET SŒURETTES BIEN-AIMÉS,

Quand vous recevrez cette carte, votre petit gars ne sera plus. Faisant une patrouille avec 6 hommes, on m'a tiré une balle à quelques mètres, qui a rompu l'artère de la cuisse. Puis, abandonné, j'ai vécu encore vingt-quatre heures et je suis allé dans le sein de Dieu, où je vous retrouverai tôt ou tard. Ne pleurez donc pas trop et priez pour moi.

Allons ! mes dernières pensées seront pour vous et pour Dieu.

Je vous embrasse pour la dernière fois bien longuement et bien tendrement.

Votre petit gars et frérot qui vous dit au revoir dans l'éternité,

GEO.

...Un jour, probablement, nous succomberons dans cette guerre sournoise que nous font les sous-marins, mais nous avons tous sacrifié notre vie à l'avance et nous ne sommes plus troublés.

...N'est-ce pas notre rôle de nous dévouer, de risquer notre vie ? Que vaut-elle, après tout ? N'avons-nous pas l'espoir d'une autre existence infiniment plus douce à ceux qui ont fait leur devoir ici-bas ?

...De quel secours n'est pas la religion ! Comme on la trouve belle, comme on l'aime, et comme elle réconforte !

Je communie très souvent, et j'y avais rarement trouvé de telles délices.

Cette guerre a une vertu morale très grande et il faut l'accepter comme un moyen de Dieu.

Peut-être, quand mon bateau coulera, aurai-je une
angoisse atroce, insurmontable... Mais, en ce moment, avec toute ma lucidité, sain de corps et d'esprit, je pense à cette heure sans amertume, le cœur
en paix.

...Il aura appartenu aux enfants de vingt ans de
régénérer la France. L'œuvre accomplie, Dieu les
rappelle à lui pour leur donner l'exquise récompense
des martyrs.

...Priez un peu pour moi, non pas pour que le Ciel
m'épargne, mais pour qu'il me fasse fort au moment
du combat et à l'heure de la mort.

...Quand on est embrasé par la joie d'une vie
future, on ne peut plus craindre la bataille.

Lettre écrite par le Sergent André LEGER, tombé au champ d'honneur, en 1915, devant Neuville-Saint-Waast.

CHER PAPA,

Nous étions hier soir dans notre guitoune en train de faire une petite manille avec mes trois copains, lorsque mon caporal surgit à la porte : « André ! un colis ». Tout le monde pose à bas les cartes et tire son couteau de sa poche. Juge donc de notre bonheur : chaussons, mouchoirs, odeur, saucissons, sardines, pâtés, gâteaux, rhum, papier à lettres, enveloppes. Juge donc de notre joie.

Mais ce qui m'a fait le plus grand plaisir, cher père, c'est de m'avoir envoyé ta photographie et celle de la pauvre maman ; aussitôt que je les ai vues, c'est immédiatement toute la maisonnée présente devant moi, et une intense émotion m'a surpris, c'est toute l'affection familiale dont je suis privé depuis trois mois qui brusquement s'est fait ressentir en moi.

Cela m'a ému et n'a pas affaibli mon courage. Au contraire, père, lorsque je monterai à l'assaut, je regarderai encore ta photographie, et elle me donnera tout ce que tu me dis par la pensée : « Courage ! honneur ! Vas-y en brave ! »

Cela a augmenté mon ardeur, car c'est pour vous, pour mes frères et sœurs, tous les parents, que nous soldats faisons la barrière infranchissable devant laquelle les efforts des brutes et sauvages déchaînés viennent se briser. Et penser que c'est pour vous que je me bats, vous tous que j'aime tant, n'est-ce pas le plus grand encouragement qu'un soldat puisse recevoir ?

Cher père, je te dis ceci tout naturellement, sans forfanterie, tu sais que nous subissons de grandes épreuves. Eh bien, tout ceci, vois-tu, pas une fois je n'ai regretté de le subir et au contraire je suis gai de souffrir, si quelquefois cela arrive, en pensant à la noble cause que nous servons. C'est dans ces sentiments que je puise mon inaltérable gaieté, que tu nommes courage. Oui, je veux être toujours gai, faire tous les sacrifices nécessaires avec bonne humeur, et si je reviens, car j'en ai le bon espoir, je pourrai dire : « Je n'ai jamais rien regretté à la Patrie ! »

Les gâteaux d'Amélie sont excellents. Bons baisers à tous, j'écrirai demain à chacun en particulier. Soyez tous assurés de ma plus grande soif de triomphe et de mon impatience de vous embrasser tous bien fort. En attendant ce jour qui couronnera tous nos efforts et auquel il ne faut pas encore penser, patience, courage ; on ne détruit pas en quelques jours un monstre de sauvagerie, patiemment édifié depuis quarante-quatre ans, mais, avec la ténacité, il finira par s'écrouler et, ce jour-là, l'horizon d'idéal et de liberté en sera bien éclairci.

Ayez comme nous confiance en la justice et l'immortalité de la France.

Ces jours-ci sont pour elle une de ses époques les plus glorieuses.

Vive la France !

ANDRE.

Lettre écrite par Jean-Marie LE GUEN, pour annoncer à sa mère la mort de son frère, quelques jours avant que lui-même ne soit tué.

En campagne, le 7 Octobre 1915.

.

MA CHÈRE MÈRE,

Vous savez sans doute maintenant la triste nouvelle, puisque j'avais écrit à Tonton Louis pour lui demander d'aller vous annoncer cette nouvelle, qui a dû vous fendre le cœur à tous. J'ai trouvé qu'il valait mieux ainsi que de vous écrire directement, vous auriez ainsi du moins quelqu'un pour partager votre douleur, et la douleur partagée en commun se supporte plus facilement. Mon pauvre frère a été tué dimanche 3 Octobre. La veille, j'avais eu de ses nouvelles par un camarade qui lui avait parlé et il était toujours solide et confiant.

Dimanche au soir, on est venu m'avertir qu'il avait été blessé grièvement. Je suis parti aussitôt pour aller le voir, mais en route on m'a appris qu'il avait été tué sur le coup. C'est Marc GORREC, de Coat-Crenn, qui se trouvait à ses côtés, qui m'a donné les détails de sa mort. Un autre camarade et lui s'étaient creusé un gourbi pour pouvoir se mettre à l'abri et se reposer un peu, et il y avait à peine une demi-heure qu'ils s'y étaient étendus qu'un obus est tombé en plein sur leur abri et les a ensevelis. Marc et les autres camarades qui se trouvaient à côté se sont empressés de les dégager, mais, dix minutes plus tard, quand ils ont réussi à les dégager, il était trop tard, ils étaient morts asphyxiés. Yves était couché sur le côté, les bras croisés sur la poitrine, les yeux fermés, sans aucune blessure et nullement défiguré. Ils avaient été surpris dans leur sommeil et avaient été étouffés sur le coup. Il est du moins mort sans souffrir et n'aura pas eu le sort de beaucoup d'autres qui, blessés, ont dû rester trois ou quatre jours sur le champ de bataille et mourir ensuite. Quand je suis arrivé là-bas, il était déjà enterré dans une tombe, tout seul, et non comme beaucoup d'autres qui sont enterrés dans le même trou. J'ai fait faire une croix sur laquelle j'ai fait inscrire son nom, sa compagnie, son régiment et la date de sa mort, d'un côté, en peinture et, de l'autre côté, son nom gravé avec une pointe rougie au feu. Il est enterré dans un petit ravin, à deux kilomètres environ au nord de Perthes, à droite de la route qui va de Perthes à Tahure. Prenez bien note de ces renseignements : vous pourrez ainsi le retrouver si je ne revenais pas moi-même et faire transporter son corps pour qu'il repose au milieu de la famille. Faites dire un grand service

pour lui sans attendre que l'acte de décès vous arrive,
car cela pourrait mettre du temps, surtout maintenant
qu'il y en aura tant à établir. Ce n'est pas qu'il ait
besoin de prières, car il est tombé un jour de victoire
en faisant son devoir et il repose dans une terre
reconquise aux Allemands par son régiment, et où
ils ne mettront jamais plus les pieds, et l'aumônier
nous a répété bien des fois qu'il n'y a aucun doute
à avoir sur le salut de ceux qui tombent en faisant
leur devoir.

A qui donc serait-il, le paradis, sinon à ceux-là ?
Mais, et c'est surtout ce que je tiens à dire à mes
frères et à mes sœurs, nous ne pourrons jamais assez
faire pour honorer la mémoire de celui qui nous a
gagné du pain et qui était si bon pour nous tous. Je
voudrais que dès maintenant vous fassiez faire une
belle tombe ou du moins une belle croix en sa
mémoire parmi la famille où on pourra le mettre un
jour. J'ai reçu hier une carte de Tonton Jean qui me
donnait sa nouvelle adresse. Je lui ai écrit aussitôt
pour lui annoncer à lui aussi la triste nouvelle. Il
trouvera cela bien dur aussi, car, comme moi, il est
là-bas tout seul sans personne pour partager sa peine.
Vous aussi vous aurez ce coup-là bien dur et rien ne
pourra jamais vous consoler de la perte que nous
venons de faire. Il nous reste cependant à tous une
consolation, c'est de penser qu'il pourra un jour,
quand cette terrible guerre sera finie, dormir son
dernier sommeil au pays natal et que sur sa tombe

nous pourrons aller lui dire que nous ne l'oublierons jamais. C'est la volonté de Dieu qui l'a rappelé à lui ; du haut du ciel, il prie maintenant pour ceux qui étaient sur la terre l'objet de ses préoccupations et pour ses camarades qui combattent toujours, car ce sont les vivants qui ont besoin de prières. Priez pour nous tous et pour que cette terrible guerre finisse un jour.

Votre fils dévoué qui vous embrasse pour lui et pour son frère,

JEAN-MARIE.

*Lettre écrite par Paul LEVEQUE, engagé volon-
taire à 17 ans, le 7 Septembre 1915, disparu près
de Verdun, au 54ᵉ Régiment d'Infanterie, le
21 Juin 1916.*

Belrupt, 19 Juin 1916.

MAMAN CHÉRIE,

Nous montons ce soir à Verdun. La bataille diminue sur ce front-ci. Il ne faut rien craindre pour
moi ; nous sommes prêts tous ; vraiment, il est magnifique de voir de près l'enthousiasme de certains soldats qui paraissaient si fermés.

J'ai eu la grande joie de communier ce matin...
te dire ce que j'ai été heureux de le pouvoir faire.
Le bon Dieu décidera de mon sort, et au fond du
cœur il faut dire : que votre volonté soit faite et non
la nôtre.

Il faut te dire aussi que nous serons au moins dix
jours sans écrire et sans avoir rien comme ravitaille-
ment ; ton colis m'arrive comme si Dieu l'avait
permis.

Oh ! ma maman, qu'il m'est doux de faire mon
grand devoir d'homme, de soulager ainsi notre plus

grande France ; prie bien et reste ferme avec moi
pour nous retrouver tous à la victoire glorieuse. Ton
Paulo restera bon et deviendra meilleur encore ;
prions plus que jamais, que ton cœur soit haut et
gai pour nous tous, que je le savoure encore comme
le bon Dieu le voudra bien.

J'aurais voulu avoir quelques lignes de toi ce soir !
mais tu n'auras pas non plus de mes lettres, il ne
faut pas que tu t'ennuies !

Dis bonjour à Madame X... de ma part, je n'écris
qu'à toi et n'ai le temps de rien.

Bons baisers à toi, à papa et de toi à tous.

Ton petit,

PAULO.

Lettre écrite par le Sous-Lieutenant Georges LEVY, 3ᵉ Bataillon de marche d'Infanterie légère d'Afrique, tombé au champ d'honneur, au combat de Moronvilliers, le 17 Mars 1917.

MA CHÈRE PETITE MAMAN,

Si cette lettre te parvient, c'est que je ne serai plus. Je veux que tu reçoives alors ce dernier adieu. Certes, ce n'est pas très gai de mourir à 22 ans, mais tu pourras être fière de moi comme je le serai moi-même.

J'aurai fait mon devoir et pour un israélite c'est deux fois plus beau. J'aurais voulu vivre pour te rendre heureuse, Dieu ne l'a pas voulu, que sa volonté soit faite. Je n'ai pas toujours été un fils modèle, mais mes bêtises m'avaient servi de leçon et j'aurais voulu te prouver combien je t'aimais !...

Avec ta pensée, je vais au combat et t'embrasse avec toute la tendresse et l'affection que j'ai pour toi.

GEORGES.

Lettre écrite par l'Aspirant LORMIER, 54e Régiment d'Infanterie Coloniale, tombé glorieusement au champ d'honneur le 15 Septembre 1918.

Aux armées, le 2 Septembre 1918.

Mon cher Papa,

Nous allons attaquer sous peu. La compagnie est en première ligne ; si tu reçois cette lettre, c'est que je serai tombé au champ d'honneur, comme je l'ai toujours souhaité, car c'est la seule mort pour un soldat.

Je ne veux pas que l'on porte mon deuil, car il n'y a pas à pleurer dès l'instant que j'ai terminé ma vie en campagne et face à l'ennemi.

Je demande qu'on laisse mon corps là où je serai tombé, parmi mes camarades de combat.

Notre attaque sera dure, très dure, mais je pense qu'elle réussira quand même, ce qui permettra de libérer Monastir de ces êtres exécrés que nous aurons bientôt. Ma mort n'est rien si nous avons la victoire et si le drapeau français continue à flotter sur tout l'univers comme précédemment et si je ferme les yeux en voyant l'objectif atteint.

Je te prie de faire savoir ma mort aux parents, aux proviseurs des Lycées Henri IV et Michelet, ainsi qu'à Madame Magnien, à Brémont, par Rotter (Saône-et-Loire), et à mon camarade Henri Blin, dont les parents habitent 27, rue d'Ulm, à Paris (5°). Je te prie, en outre, d'annoncer au commandant ma joie de tomber à l'attaque, en tête de ma section et en contemplant le drapeau tricolore sur lequel vos têtes qui me sont chères apparaissent à la place des victoires, gravées en lettres d'or, de la France.

Encore une fois, je ne veux pas que l'on porte mon deuil, car j'ai 22 ans et l'on attaque, c'est-à-dire que j'ai fait volontiers le sacrifice de ma vie pour la victoire de mon pays et l'écrasement de l'hydre germanique.

Nous allons sortir dans peu d'instants, je pense en revenir et, si je meurs, ce ne sera pas sans avoir embrassé une dernière fois votre photographie qui est placée dans mon portefeuille. Je regarde aussi une dernière fois notre drapeau et le portrait du Maréchal Joffre, qui symbolisent la France et que je mets au-dessus de vous, mes chers parents, car c'est pour elle que je mourrai au champ d'honneur.

Vive la France !

Adieu, mes chers parents.

LORMIER.

Lettre écrite par le Sergent Marcel DE LOSME, 116e Chasseurs Alpins, tombé pour la France, le 26 Octobre 1916, sous le fort de Douaumont (Verdun).

14 Octobre 1916.

MAMAN CHÉRIE, CHERS TOUS,

Ce soir, pendant la manœuvre, je relisais vos lettres si chères. Quel bon temps elles me font passer !... Tous ces petits détails que vous me racontez, bien loin de m'ennuyer, me font vivre avec vous. Les bruyères de Nans iront rejoindre les lis séchés dans mon carnet de route, et ainsi je me raccroche à toutes ces choses qui sont pour moi comme le souvenir du Paradis perdu et comme un aperçu de la terre promise.

Parfois je rêve aussi, couché sur les coteaux meusiens arides sous le ciel gris... je rêve, car dans les manœuvres actuelles on ne marche pas beaucoup, et alors c'est la vision, si vive qu'elle semble réelle, de vous tous dans les lieux que j'aime tant. Je vous vois, en ce moment, tous réunis, faisant, le soir, la promenade de Lorges, alors qu'au-dessus des rochers gris la première étoile brille dans le ciel encore clair.

Je vous vois, plus tard, à la veillée, autour de la table de famille, plongés dans la lecture des journaux... J'entends l'appel de vos voix dans le jardin. Alors je me laisse bercer par des rêves de paix et de tendresse.

Mais, tout à coup, un appel de sifflet me réveille au milieu de la guerre et de son attirail... et je suis la voie que le devoir m'a tracée.

Je la suis volontiers et sans regret, fortifiant au contraire cette volonté qui nous est si souvent nécessaire... Je ne regrette rien, non rien, quelque pénible que soit ma vie parfois. Je sens que c'est là ce que je devais faire et que je suis bien à ma place, et la satisfaction de faire son devoir est encore quelque chose.

Et puis ce rude contact est une bonne chose : il faut avoir souffert physiquement pour être solide ; il faut souffrir moralement pour avoir la notion exacte de la vie et avoir l'âme haut placée.

Je sens qu'à ces deux points de vue j'ai fait d'immenses progrès. Quelquefois, quand, le barda sur mon dos, je chemine sur les interminables routes, je songe que vous me prédisiez que je n'irais pas bien loin en pareil équipage et que je supporterais fort mal la vie militaire, et, ma foi ! je donne un démenti assez catégorique à ces craintes. Quant au moral, j'étais trop heureux et incapable d'un effort de longue haleine. J'ai pris l'habitude de ne pas me rebuter aux désillusions ; parce qu'il le fallait, j'ai fait par volonté ce que je rêvais de faire par enthousiasme...

J'entends la musique qui, sur la place de l'Eglise, joue une marche entraînante au rythme des chasseurs, et je vois notre retour triomphal après la victoire, sur les boulevards de Nice, au milieu des pavois et des fleurs. J'entends le bruit des cuivres dans le tumulte des vivats, je vois les baïonnettes brillantes et les visages heureux de ceux qui retournent.

Je vous vois sur un trottoir attendant le défilé, puis vous mêlant à la foule qui suit enthousiaste, en cherchant Marco.

Et puis, voilà Marco qui passe, aussi heureux de ce qu'il a souffert que de la joie immense du retour.

Ah ! quelles belles expansions !

Quelles extravagances ne ferai-je pas ?

Oui, mes chéris, ça viendra, encore un effort et puis ce sera le retour triomphant !

Marcel DE LOSME.

*Lettre écrite par le Sous-Lieutenant Max MA-
GNUS, 1ᵉʳ Régiment Etranger, tombé au champ
d'honneur, à Florina (Macédoine), en 1916.*

23 Septembre, 12 h. 45.

MA CHÈRE BÉRÉNICE,

Depuis quatre jours, nous sommes au feu sans
nous déchausser ni nous déséquiper. Il fait aujour-
d'hui un temps splendide. Je me sens très fort et
très vigoureux. Nous allons attaquer dans quelques
instants. Si je suis tué, mes dernières pensées seront
pour toi.

Je t'embrasse.

Max MAGNUS.

*Lettres du Commandant IMHAUS DE MAHY,
officier en retraite, qui a repris volontairement du
service à 60 ans, tué héroïquement à Verdun, à
62 ans, le 30 Mars 1916.*

28 Mars 1916.

A sa Femme.

...Bombardement effroyable. De temps en temps,
j'apprends que quelqu'un ou quelques-uns de mes
bien-aimés petits soldats, fils de femmes de France
et mères éplorées, sont tués ou blessés. L'assaut peut
venir d'un moment à l'autre. J'ai choisi mon P. C.
dans la tranchée au centre de l'attaque, puis mon
dernier réduit où, entouré des derniers défenseurs.
je lutterai jusqu'à la mort. Ton mari, ma chère
femme, sera digne de nos enfants, des DE MAHY,
des DE LA SERVE. S'il tombe, ce sera face à l'ennemi, ce sera la plus belle des morts. Vous que je
laisse, je vous plains. Quant à moi, mon sort sera
digne d'envie. Celui qui meurt ressuscite. Vive la
France ! A toi de tout cœur. J'ai la conviction de
retrouver des êtres adorés...

*A ses deux plus jeunes Fils après la mort
de son Fils aîné.*

...Vous serez dignes de vos devanciers qui ont regardé la mort en face, leur sang fécond a arrosé la terre de France. Nos bien-aimés sont entrés dans l'immortalité. Comme eux, vous frapperez fort et vous tomberez s'il le faut sans peur, sans reproche, face au ciel qui vous attend. La cause de la France est celle de l'Univers. Gloire à notre France immortelle...

...Notre force morale vient de ce que nous défendons non seulement notre sol et nos libertés, mais encore les droits imprescriptibles de l'Humanité contre la plus odieuse des machinations qui sera renversée. Mais ce résultat exige un holocauste sanglant.

*Extraits de lettres écrites par le Sergent André
IMHAUS DE MAHY, 5ᵉ Régiment d'Infan-
terie Coloniale, engagé volontaire, disparu le 29
Septembre 1915, à Souain (Champagne).*

...Il m'est impossible de vous exprimer ma grande
satisfaction de servir la Patrie. Je suis heureux de
faire mon devoir...

...Mes chers parents, je montrerai que j'ai une
Patrie pour laquelle nous devons nous donner, que
j'ai la qualité d'être Français, que j'ai un nom. Je
me montrerai digne de vous, de mes frères, et je
n'oublie pas que je dois en venger un. Je ne com-
mettrai jamais de cruauté...

Fragment de lettre écrite par le Sergent Emile IMHAUS DE MAHY, engagé volontaire, disparu le 29 Septembre 1915, à Souain (Champagne).

« Nous sommes prêts aux prochains sacrifices. Tout le monde fait son devoir sans broncher et avec honneur ».

Extrait de lettre écrite par François IMHAUS DE MAHY, Caporal au 22ᵉ Régiment d'Infanterie Coloniale, engagé volontaire, blessé mortellement, le 27 Août 1914, à Stenay.

« Je suis heureux de mourir en ayant fait mon devoir. »

François IMHAUS DE MAHY.

Fragment de lettre du Capitaine Georges IMHAUS DE MAHY, 33ᵉ Régiment d'Infanterie Coloniale, tombé au champ d'honneur, le 29 Juillet 1918, à Romigny (Marne), après son père, son frère aîné et la disparition de ses deux plus jeunes frères.

« ...Nous avons tous fait le sacrifice de notre vie... »

Georges IMHAUS DE MAHY.

Dernière lettre du Capitaine Henri MARQUI-
ZAA, tué devant Loos (Belgique), le 20 Octo-
bre 1915, à sa mère.

CHÈRE MAMAN,

Si je meurs à la guerre, sache que mes dernières
pensées auront été pour le bon Dieu, pour la France
et pour toi.

Pour le bon Dieu à qui je demande de me mettre
en état de grâce.

Pour la France que j'aurais voulu voir victorieuse.

Pour toi enfin que j'adorai et que j'aurais voulu
embrasser avant de partir.

Ton HENRI.

*Lettre écrite par le Caporal Léon-Roger MARX,
4° Zouaves, tombé au champ d'honneur le 27
Juin 1917.*

J'ai découvert la beauté simple de cette volonté de tenir, de résister à sa sensibilité, de se dominer. Ne crois pas que cela m'ait rendu plus dur ; mais j'ai été très content de voir que j'arrivais à ne plus craindre la tristesse, à ne plus me laisser noyer par elle, comme j'ai su, et je t'assure que j'en suis fier, n'avoir jamais peur du danger. Cet équilibre, je voudrais le garder toute ma vie sans pour cela que ma sensibilité s'amoindrisse...

Ne te frappe pas pour les bonnes années qu'on a passées si loin ; d'abord, la France est si belle et nous a valu une si admirable formation morale et esthétique ! Enfin, nous apprécierons mieux encore notre bonheur pour avoir vu et pressenti tant de choses tristes... tristes, tu sais.

Cette vie éreintante, je l'ai voulue et elle est celle

que je devais mener... Je me trouve, ce matin, presque calme et sans tristesse, plein de force et de clarté en moi. Je pense qu'on est heureux de se sentir valide, au pied, pour ainsi dire, de son devoir; et vraiment rien ne me fait peur tant que je me sens fort et comme fier.

*Lettres de Roger MEYER et de Raymond LOUIS,
tombés au champ d'honneur, le 23 Août 1914,
dans une petite maison d'Hanzinelle (Belgique)
qu'ils avaient mission de défendre.*

*Quand la mère et belle-mère des deux soldats est
allée, en 1919, en Belgique, pour tâcher de parvenir à les reconnaître, la femme qui habitait la
maison, dans laquelle un obus les a tués tous, a
remis en pleurant à Mme LOUIS un petit bout de
papier qu'elle a trouvé dans la poche d'un jupon,
en rentrant chez elle après l'armistice, et sur lequel
étaient tracées les lignes ci-dessous :*

MONSIEUR, MADAME, CHERS ALLIÉS,

Nous sommes 15 petits soldats français barricadés
dans votre maison. Nous y sommes entrés précipi-
tamment et force nous a été de faire des dégâts ;
nous en sommes très fâchés pour vous, mais il nous
est impossible de faire autrement. Avant de mourir
pour la France, pour la Belgique, nous vous réité-
rons nos regrets et vous saluons.

LOUIS.

Le 20 Août 1914.

Bien chers Parents, Frères et Sœurs,

Les deux bonnes lettres de père m'ont causé la plus grande joie et c'est avec un plaisir toujours nouveau que je les lis et relis aux moments où l'esprit se repose de cette vie un peu ahurissante et mouvementée. Depuis cinq jours, nous marchons, nous marchons sous la pluie, le soleil, les nuages de poussière. Nous faisons à peu près 25 kilomètres chaque jour, sans voir autre chose de tous côtés que des fantassins, des zouaves, des tirailleurs sénégalais, des cavaliers, des artilleurs, bref tout ce qu'un pays comme le nôtre peut aligner contre les lâches et barbares Allemands.

Depuis trois jours, nous sommes en Belgique, et l'accueil si chaleureux et si hospitalier de la population nous réconforte et nous donne des jambes et du cœur à l'ouvrage. Ce ne sont qu'acclamations sur notre passage ; on nous donne des fleurs, des drapeaux, des rubans ; les seaux de café, de bière, de

cidre sont alignés sur le pas des portes, on distribue
à profusion d'immenses tartines de beurre et de con-
fitures, des cigarettes, des cigares.

Nous trouvons dans les villages la plus large hos-
pitalité. Jusqu'à présent, je n'ai connu le lit dans la
paille que deux fois. Vous voyez que nous n'avons
pas lieu jusqu'à présent de nous plaindre. D'autre
part, les succès journaliers des armées belges et françaises nous donnent confiance et espoir. Nous sommes maintenant à peu de distance de l'ennemi, et il
est fort probable qu'aujourd'hui nous aurons le baptême du feu. Je vous assure que je n'ai aucune
appréhension. Que voulez-vous, c'est au petit bonheur ; j'ai toujours eu l'idée que nous en reviendrons ; si le contraire se produit, ma foi, vous pourrez avoir la certitude que nous y sommes allés gaiement, sachant que nous travaillons pour le bien-être
de tous ceux qui resteront et qui seront à jamais
débarrassés de ce fléau germanique qui empoisonne
le monde depuis quarante ans.

Quelle fête à notre retour ! Nous aurons à célébrer
les victoires françaises, la joie du retour et la venue
au monde du cher petit que nous attendons avec tant
d'impatience et que je voudrais tant avoir connu
avant de partir.

Enfin, l'avenir nous réunira tous, plus unis et plus
joyeux que jamais. Je vous donnerai bientôt d'autres
nouvelles ; communiquez celles que je vous donne à
tous ceux qui me sont chers.

Je vous embrasse tous, bien chers parents, frères
et sœurs que j'aime tant, avec toute l'affection de
mon cœur de soldat français.

Vive la France et à bientôt la joie du retour.

Votre fils qui pense toujours à vous,

ROGER.

Je joins un petit mot à la lettre de Roger, à mon
vieux frangin, pour vous assurer de notre inséparable
amitié et vous envoyer, à vous et à tous les vôtres,
mon plus affectueux souvenir. Ayez confiance, nous
reviendrons tous deux. Dieu ne nous abandonnera
pas. Si toutefois le sort nous désignait, vous auriez
la satisfaction de savoir que c'est pour votre bien-
être à tous que notre sang aurait été versé.

Encore une fois, soyez tous courageux comme
nous-mêmes en cas de malheur et recevez encore
mes affectueuses amitiés.

RAYMOND.

Dernière lettre du Lieutenant René MONIER, du 43ᵉ Régiment d'Infanterie Coloniale, mort pour la France, le 28 Septembre 1915, à Givenchy.

Le 11 Septembre 1915.

...L'heure n'est pas aux discours, à la phraséologie. Le vocabulaire de l'héroïsme épistolaire est d'ores et déjà épuisé et je n'ai garde de vous laisser une de ces belles lettres *in extremis* en « trémolo majeur », du genre de celles qui trouvent place chaque jour dans nos quotidiens en mal de copie.

Inutile de vous redire ce que je fus pendant ma vie, vous le savez, je ne vous ai jamais rien caché.

Inutile de vous dire ce que je serai devant la mort, au champ d'honneur, vous le devinez ou d'autres vous le diront.

« Mourir pour la Patrie est le sort le plus beau ». Ce n'est pas moi qui l'ai dit ; mais je tiens du moins à tirer de cette vérité universellement acceptée toutes ses conséquences logiques. Donc :

1° Pas de larmes ! On ne pleure pas un être que l'on sait avoir joui du sort le plus beau.

2° Pas de deuil, mon désir est formel et devra être respecté.

3° Ni discours, ni fleurs, ni couronne sur ma tombe... mais un simple drapeau !

Je lègue mon sabre et mon épée à papa, qui les mettra en panoplie dans son bureau pour symboliser les deux états où je sus, grâce à l'exemple qu'il m'a donné, faire droitement et simplement mon devoir.

Lettre de MONNIER, Charles, 217ᵉ Régiment d'Infanterie, 4ᵉ Compagnie de Mitrailleuses, tué à Locre (devant le mont Kemmel), le 31 Mai 1918.

Mai 1918.

PARENTS CHÉRIS, SŒUR ET FRÈRE,

Quand vous recevrez cette lettre, je ne serai plus.

Ne vous désolez pas trop, chers parents ; Dieu m'appelle à lui ; la Patrie demande mon sang ; volontiers je le donne, après tant d'autres.

Ne vaut-il pas mieux mourir jeune, au cours d'une bataille qui peut-être décidera du sort du monde, de la belle mort du soldat et ne pas affronter tous les chagrins, toutes les peines dont la vie est remplie ?

J'ai fait toujours courageusement mon devoir ; vous pouvez être fiers de moi, je n'ai pas failli à ma tâche de bon soldat. Cela m'a été assez facile : je n'ai eu qu'à mettre en pratique les fiers et patriotiques principes que vous m'avez toujours inculqués.

Je n'ai pas toujours été un fils bien docile. Oubliez-le, car j'étais jeune.

Avant de vous quitter, je vous souhaite, parents

adorés, une vieillesse tranquille, après une vie de labeur comme la vôtre vous avez droit au repos.

Et toi, chère sœurette, j'espère que Dieu exaucera tes vœux et que tu vivras heureuse auprès de celui que ton cœur aime.

Petit frère, sois obéissant, travaille avec ardeur afin de devenir un fils faisant honneur à ses parents.

Une pensée pour tous nos parents.

A vous tous, ma famille, une dernière fois, adieu.

CHARLES.

*Lettre écrite par le Sergent Georges NICOLET,
pasteur de l'église réformée évangélique de Mont-
rouge, 66ᵉ Régiment d'Infanterie, tombé au
champ d'honneur le 20 Février 1915.*

1ᵉʳ Février 1915.

MES CHERS PARENTS,

Je viens de prendre une grande décision. On manque de sous-officiers dans les régiments d'infanterie
et le ministre en a demandé chez nous. Personne
ne voulait s'offrir. Il m'a semblé que c'était plus à
moi qu'à tout autre à donner l'exemple et je me suis
fait inscrire. Entraînés par mon exemple, un caporal
et trois hommes de mon groupe se sont fait inscrire
à leur tour et maintenant le branle est donné. J'espère que ma décision ne vous peinera pas trop et que
vous comprendrez qu'il y a des circonstances où un
homme courageux ne peut pas s'empêcher de payer
de sa personne. D'ailleurs, je ne suis pas beaucoup
plus en danger dans un régiment qu'aux brancardiers
de corps, car on nous laisse de plus en plus à bonne
portée des canons allemands.

...Mais la question est plus haute. Il faut en finir

avec les Allemands et on n'en finira que si, au printemps, chacun donne à sa place et selon ses aptitudes son coup d'épaule, et pour en finir la France a besoin de réunir dans un faisceau tout ce qui lui reste d'hommes courageux et capables de conduire ses soldats.

Je vous écrirai le plus souvent possible, ne vous inquiétez pas. Je me suis déjà tiré sain et sauf de tant de situations périlleuses que je suis convaincu qu'il en sera ainsi jusqu'au bout et que je vous reviendrai en bonne santé à la fin de la guerre, c'est-à-dire bientôt, car je ne crois pas que cette guerre dure encore de longs mois, comme le disent les journaux.

Je vous envoie mes plus affectueux baisers.

Georges NICOLET.

P.-S. — J'ai bien reçu le quatrième mandat de 50 francs. Le paquet de sardines ne m'est pas arrivé.

4 Mai 1916.

CHERS AMIS,

Ma lettre, aujourd'hui, a un caractère spécial ;
je vous l'écris du fort de S... où 9ᵉ et 10ᵉ sommes
arrivés cette nuit. Même vue à 10 kilomètres, l'impression colossale de la lutte qui se déchaîne devant
Verdun ne peut être comparée à l'effroyable réalité.
Pauvre 123ᵉ, d'ici à huit jours, il sera bien maigre.
Hier soir seulement, pour faire la relève sur les
pentes sud de Douaumont, au cours de la traversée
du bois de la Caillette, ou plutôt de ce qui le fut,
le 10ᵉ bataillon a beaucoup souffert ; qu'il me suf-
fise de vous dire que le lieutenant Verron a été tué,
le capitaine Missaut blessé de nouveau, etc., etc...
Nous-mêmes avons eu à traverser pour nous rendre
ici, à 1.800 mètres de la première ligne, des rafales
de leurs gros obus et une chance réelle nous a seule
permis d'en sortir indemnes.

Ce soir, nous allons renforcer le bataillon déjà en ligne et, malgré tout mon courage, qui n'est pas amoindri, j'appréhende cette galopade à la mort. Il faut les vivre, ces minutes, pour en comprendre toute la tragique angoisse ; tout sent le carnage : par ici, l'air est empesté d'une odeur de charnier.

Et pourtant notre artillerie nous montre bien sa terrible puissance par son fracas ininterrompu. Nous ne resterons point longtemps ici, car c'est le coin le plus terrible du secteur de Verdun. Tous les régiments qui s'y succèdent n'y font souvent pas plus de huit jours ; à ce moment, si je suis encore debout, je vous enverrai une carte...

Soyez persuadés que ma façon de vous écrire ne m'est pas inspirée par un sentiment de crainte, mais bien parce que je suis logique avec moi-même, mais parce que dans cette fournaise l'importance de mon devoir m'apparaît précise et que tous mes efforts tendront à l'accomplir, pour notre chère France, jusqu'à mon dernier soupir.

Chers amis, je vous embrasse, permettez-moi ce bonheur.

A bientôt, et vive la France !

M. NINORET.

14 Juin 1915.

Mes bien chers Parents,

Je viens de recevoir votre lettre du 10 Juin et j'y réponds immédiatement. Nous sommes aujourd'hui au repos sur place à Gaschney. Ma santé est toujours excellente, je ne puis demander mieux à ce sujet-là ; au moral, il en est de même.

Je suis un peu inquiet au sujet de maman ; papa me dit que chaque jour elle se décourage un peu.

Il ne faut pas de cela, au contraire ; malgré les soucis de l'heure présente, il ne faut songer qu'au but poursuivi. Je crois qu'aujourd'hui nous tenons la main sur les Boches. En particulier dans le secteur, *ils ont peur de nous*, et l'heure n'est pas éloignée où nous allons leur passer une triquette quelque chose de soigné. Tous les jours, au contraire, je suis plus confiant dans l'avenir, et ce n'est pas un sentiment unique, personnel, c'est aussi le *sentiment vrai* de nos chefs, de mes camarades.

On les aura, on veut les avoir. Mais il ne faut pas se leurrer. Pire que les poux qui se collent partout, ils se cramponnent ; mais maintenant c'en est fait : on leur passera sur le ventre et demain nous verrons se lever devant nous une ère de bonheur. On sera d'autant plus heureux que notre bonheur aura été payé plus cher. Quelle satisfaction n'aurons-nous pas au retour !

Ne serez-vous pas, et maman aussi, très fiers après la guerre de vous dire, de pouvoir dire à tous : mon fils, notre enfant, a fait son devoir ; et moi-même, auprès de vous, je marcherai la tête bien haute, fier de pouvoir chanter bien haut : « Dans cette lutte gigantesque, j'ai pris ma part, j'ai collaboré à cette œuvre immense, j'y ai trempé mon courage, éprouvé mon énergie », et je ne souhaite qu'une chose, pouvoir dire jusqu'à la fin, comme je puis le faire aujourd'hui, jamais mon courage ni mon énergie n'ont faibli.

Je dirai même, mais ceci comme un enfant cause à ses parents, en pleine intimité et en toute franchise, et sans forfanterie de ma part : Si vous saviez comme je suis heureux, étant chef de section, de sentir autour de moi mes cinquante *lapins* qui ont en moi une confiance absolue. Il est une chanson bien douce à mon âme quand j'entends leurs conversations après une petite affaire, le soir au bivouac : « Avec le sergent Ollagnier, ça c'est un gars, j'irais n'importe où » ; c'est un caporal de ma section qui disait cela. Eh bien! voyez-vous, je l'aurais embrassé, c'était aussi bon pour moi que si devant la brigade on m'eût donné la médaille militaire.

Malgré cela, n'ayez point trop d'inquiétude, je sais que j'ai non seulement à me garder pour vous, pour Germaine, mais aussi que les cinquante hommes de ma section ont aussi des mères, des femmes, des enfants.

Donc, je vous en prie, bien chers parents, pas de défaillances, même d'une minute. Ce serait m'ôter de mon courage, de ma confiance que de savoir que là-bas, bien loin, à la maison, maman se désespère.

J'attends une lettre dans laquelle maman me dira elle-même qu'elle a repris le dessus, et m'exhortant à avoir confiance.

Adieu, bien chers parents, recevez mes plus tendres embrassades.

OLLAGNIER.

Lettre écrite par le Sergent OUDET, Georges-Adolphe, 46ᵉ Régiment Territorial d'Infanterie, tombé glorieusement à l'ennemi, le 24 Août 1915, au bombardement de Nisslessmath.

20 Août.

MA CHÈRE PETITE LULU,

Je reçois bien tes lettres. En est-il de même des miennes pour toi ? Je ne le pense pas, elles doivent subir un retard considérable depuis qu'il nous est permis à nouveau d'écrire sous enveloppe fermée, car, ne pouvant s'assurer de l'observation stricte des consignes imposées aux militaires que très difficilement, l'autorité supérieure les retarde afin que, lorsqu'elles parviennent aux intéressés, les renseignements donnés ne puissent être nuisibles aux mouvements ordonnés ; mais enfin tu les recevras. Dans cet ordre d'idées, je puis donc te parler de ma vie de soldat, mais sans détails, tu dois le comprendre.

La guerre actuelle est une guerre où toute l'intelligence de l'homme est mise à épreuve sous toutes ses formes : se masquer, c'est l'attention de toutes les secondes ; se démasquer, c'est le courage à l'instant

choisi ; se garantir est un devoir, tout comme ricaner
à la mort comme il le faut en est un autre. Puisque
ton cœur de femme est assez stoïque, je vais te donner avec la plus grande sincérité, dénuée d'aucune
ficelle, des épisodes. Je vois des choses qui vont te
laisser rêveuse.

Rien en ce moment et depuis une demi-heure
déjà, et cela va durer tout le jour. Je t'écris au son
d'une musique militaire en plein centre d'action
— c'est fou — non, c'est sublime. Ici, la mort se
fait en plein champ. On salue celui qui tombe par
une salve ou par une marche qui hurle : « En avant ! »
On ne pleure pas les morts, on les élève aux nues
sur des ondes sonores qui relient le cœur de l'homme
aux confins du ciel... Une civière passe, on salue et
on chante la gloire aux héros, on fait des funérailles
de soldat ; il semble que celui qui vient d'entrer
dans le repos éternel vient d'illuminer le bataillon
d'un rayon de gloire de plus. Jamais une larme,
jamais un sanglot, un cri immense des canons qui
crachent, des cuivres qui sonnent — Vive la
France ! — Quand le silence se fait, la civière a
marqué sa trace lumineuse dans un sillon de têtes
nues où l'imagination a tracé la route du devoir.

Hier, j'ai vu, écouté et regardé six hommes à
béret montagnard, qui jouaient une banque endia-
blée, car ici l'argent compte à peu près comme les
haricots que l'on joue en famille ; pour placer les
cartes, ils avaient une planche ronde ou plutôt ovale;

un éclat d'obus gros comme une noix tombe au milieu de la planche, crève une carte... J'étais à un mètre d'eux, je suivais sur leurs visages non pas les émotions que le jeu pouvait y mettre, car il y a longtemps que leurs muscles sont voués à l'impassibilité, mais la trace des rires que les saillies, les lazzi pouvaient entraîner, je les ai vus tous comme l'objectif le plus pur pouvait les prendre et voici ce que j'ai vu : l'un d'eux, celui qui distribuait les cartes, a pris la carte crevée, qui désormais allait se reconnaître, et a dit une seule parole : « Salauds ! » Aucun des six hommes n'a interrompu son jeu ; l'un des cinq autres a dit : « Donne-moi une carte ». Et la partie a continué sans qu'une parole de fanfaronnade soit ajoutée. J'ai regardé ces hommes et, moi que tu connais, j'ai rougi... j'ai rougi pour moi-même qui venais de saluer l'obus avec un serrement de cœur, j'ai rougi pour mon courage de jeunesse que j'ai un peu oublié dans la quiétude du foyer, j'ai rougi pour mes nerfs encore indomptés et, une larme de rage au fond du cœur, j'ai fait le serment de forcer ma carcasse humaine à faire arrêter mon cœur plutôt que de le sentir battre pour autre chose que pour la cause que nous défendons. Ces hommes sont au feu pour la plupart depuis un an et la mort ils ne s'en soucient guère. C'est eux qui sont devenus des hommes malgré leur jeunesse et c'est nous qui sommes des enfants ; mais déjà nous nous ressaisissons au contact de tant de vaillance et la meilleure des preuves c'est que la nuit, moi et mes compagnons, nous dormons du sommeil du juste et qu'avec le temps, nos nerfs obéissent à nos cerveaux.

Quant à l'avenir, il est certain que l'Allemagne est vaincue, que le soleil luit. Ceux qui en douteraient peuvent toujours prendre un billet d'aller et retour pour le front. Ici, plus rien des doutes, des torpeurs, des angoisses ; rien que du soleil dans l'âme, même dans la brume ; de la joie, même dans le malheur, et des fêtes sublimes, même dans la mort !...

*Lettre écrite par l'Adjudant Paul OUDIN, 128ᵉ
Régiment d'Infanterie, tombé au champ d'honneur le 12 Mai 1916.*

A vous, chers et bons parents, mes dernières pensées.

Je ne puis trouver d'accents assez forts pour vous
remercier des bons soins dont vous m'avez entouré.

Je vous sais à l'abri du besoin et si je tombe ce
sera ma consolation.

Mille fois merci et tendres baisers.

POLO.

Lettre écrite par le Sous-Lieutenant Laurent PA-
TEU, 141ᵉ Régiment d'Infanterie, tombé au
champ d'honneur, le 15 Juin 1915, à Notre-
Dame-de-Lorette.

Rouge-Croix (Pas-de-Calais).

4 Novembre 1914.

MA FEMME BIEN-AIMÉE,

MES ENFANTS CHÉRIS,

Si vous recevez cette lettre, je ne serai plus ; mais je vous défends de pleurer. A cette époque où les enfants de la France versent leur sang, le mien n'est pas plus rouge que celui des autres. Vous supporterez d'autant mieux votre douleur que vous vous direz avec une inexprimable fierté que j'ai payé ma dette à la plus belle Patrie du monde et que je suis mort pour elle. Levez la tête bien haut, on doit vous saluer bien bas !

Tu m'as souvent recommandé, ma femme adorée, d'avoir du courage. J'avais le mien propre et celui que tu m'as donné. Je te les adresse tous deux pour t'aider à supporter la douleur. Je t'ai toujours aimée, mon Angèle chérie, malgré mes quelques rares moments d'emportement, je ne t'ai jamais oubliée et j'aspirais, mon Dieu ! avec quelle ardeur, au bonheur du retour. Je ne te laisse rien que mon souvenir et je partirai tranquille car tu le garderas autant que la vie, je le sais. Nous nous aimions trop. Raidis-toi, ma petite femme, je te laisse nos enfants et c'est à eux que je m'adresse maintenant.

Mon petit Vonvon, tu as déjà onze ans et demi, tu es une grande fille, tu seras avant peu une petite femme. Tu te souviendras de moi mieux que le pauvre Dudu. Tu me connais, tu sais ce qui me plaît et ce qui me déplaît. Eh bien, dans tous les actes de ta vie, demande-toi bien avant d'agir ce que penserait le pérot s'il était là.

Aide la mérotte de toutes tes forces, aide-la dans tous les soins du ménage ; tu sais ce que je te reprochais bien doucement parfois : Corrige-toi, deviens une bonne petite femme de ménage et surtout, oh ! surtout, mon petit Vonvon adorée, rappelle-toi combien je t'aimais et, je t'en supplie, sois toujours honnête.

Et toi, mon petit Dudu, à tes deux ans et demi on perd vite le souvenir. Tu parles encore de moi parce que la mérotte et sœur t'en causent, mais tu m'auras vite oublié. Pourtant, lorsque tu seras plus grand, tu te rendras compte que tu avais un pérot que tu appelais en ton doux zézaiement pezot chéri, et qui t'aimait ainsi que ta sœur de toute son âme. Apprends vite à lire pour déchiffrer toi-même ce que j'écris aujourd'hui. Sois d'abord un petit garçon bien sage, puis un élève studieux, apprends, apprends encore, apprends toujours, tu n'en sauras jamais assez. Sois aussi un jeune homme modèle. Enfin et surtout, sois un homme. Si tu es un jour appelé à servir ta Patrie, embrasse les tiens aussi ardemment que je vous ai embrassés et pars sans regarder en arrière, en criant tout le long de la route : Vive la France !

Je m'arrête sans avoir dit tout ce dont mon cœur déborde, je vous aime tous trois, je vous aime, je vous aime et je vous embrasse mille et mille fois du fond du cœur qui ne bat plus vite au son de la mitraille, mais qui palpite à votre souvenir.

Adieu, mes chéris, toutes mes tendresses sont pour vous et pour la meilleure des mères que je n'oublie pas.

Vive la France !

Laurent PATEU.

Lettre écrite par PATOUILLART, tombé au champ d'honneur.

7 Septembre.

Enfin, je reçois ce matin deux lettres de toi, une de Maurice dont je le remercie, son style est meilleur, et recommandée, ce qui est inutile, elles n'arrivent pas plus vite ; écris-moi sous enveloppe fermée, mais non cachetée ; tu peux me donner quelques nouvelles en gros ; joins-moi une ou deux enveloppes et une feuille de papier pour te répondre, ou une feuille de journal, *La Liberté,* si tu veux, elle me parviendra probablement, en tout cas, on pourra l'enlever sans arrêter la lettre. Si tu m'écris sur une carte, prends une carte avec feuille pour la réponse, mais sur une carte ne me parle pas du contenu des paquets afin de ne pas faire de jaloux ; *argent inutile :* où les Allemands sont passés, tout est saccagé et les habitants sont nourris par nous.

Tes lettres *m'ont bien rassuré,* je craignais que tu

ne fus malade. Merci des images. Je vais bien, à
part de fortes coliques ; envoie-moi des nouvelles de
tous, et du fils Tallon, de Levallois, si possible.
Envoie-moi, si possible, les médicaments demandés
pour ma pharmacie de poche. Mes amitiés à tous,
oncle, etc., Hervaut, Henri, Deschamp, René,
Mme Masson, Tallon, etc. Bonne santé à toi et à
Maurice, et tous ayez confiance et courage et ne
crois pas aux racontars, et ne te fais pas de mauvais
sang, je vais pour le mieux et le courage ne manque
pas. Les dernières paroles de papa, le 7 Octobre,
ont été : « Mon fils, sois bon soldat et fais ton
devoir ». Mon devoir, je l'ai toujours fait et le ferai
jusqu'au bout, quelque dur et pénible qu'il soit parfois. Si papa me voit, il sera heureux et fier de son
fils, qui est prêt à donner, s'il le faut, son sang et
sa vie pour la France. Si je reviens, tant mieux,
mais si je tombe, ce sera en faisant mon devoir et
tu pourras être fière de moi. Mais je suis plein d'espoir et espère toujours te souhaiter la bonne année
de vive voix.

Mes baisers les plus tendres, et vive la France !
Bons baisers à Maurice, écrivez-moi souvent.

PATOUILLART.

MON CHER PÈRE,

J'ai reçu hier trois lettres, la vôtre, d'Amélie et de Paul ; je comprends un peu votre anxiété. Ah ! je voudrais comme vous que le tyran Guillaume descendît rapidement au cercueil ; en attendant, que voulez-vous donc y faire ! ! ! Vous ne pleurez plus, me dites-vous, c'est bien ; je n'ai plus de larmes non plus, mes yeux se mouillent seulement à la vue de vos lettres et c'est tout ; je les relis plusieurs fois et suis plus courageux alors que jamais. La nuit, parfois, lorsque je suis éveillé, je bâtis des châteaux en Espagne, je me vois parmi vous tous, en famille où nous avons tant ri. Eh bien ! courage, oui, vous rirez encore, Dieu me protégera. S'il doit en être autrement, le sort en est jeté maintenant, vivons dans l'espérance...

Que vous dire de plus, pas grand' chose ; nous

sommes toujours au même endroit depuis un mois,
nous allons aux avant-postes trois jours et trois jours
en arrière, nous tenons bon le Grand-Couronné...
qui a reçu des milliers et des milliers de marmites
allemandes qui font plus de peur que de mal ; les
cochons ont attaqué furieusement pendant huit jours:
nous étions le bloc intangible, ils avaient pris un
peu de terrain, nous les avons délogés, ils ont fui en
laissant quantités de munitions, de vivres, etc...
Resterons-nous longtemps là, je ne crois pas, il faudra sous peu, je pense, remettre les pieds en pays
annexé, espérons que nous irons rapidement. J'espère que vous allez revenir à Jugazan, si toutefois
vous n'y êtes pas quand cette lettre vous parviendra.
Je serais bien heureux qu'Amélie reste le plus longtemps possible chez elle ; je suis bien sûr qu'elle a
dû trouver les vendanges longues quoique n'en ayant
jamais parlé. Vous ne sémerez probablement pas à
la Clotte, vous n'avez donc pas besoin d'elle là-bas.
Encouragez-la à rester chez elle le plus longtemps
possible ; je suis bien sûr que vous lui ferez bien
plaisir et à moi aussi ; c'est actuellement la chose
seule qui me tracasse, elle n'ose rien dire, j'en suis
bien sûr, mais elle serait bien heureuse, ses parents
aussi ; de deux enfants ils n'en ont plus aucun ; vous
souffrez aussi, mais si le sort veut que mon tombeau
soit en Lorraine, vous avez quatre enfants, il vous
en restera quatre, au lieu d'avoir deux garçons et
deux filles, vous aurez trois filles et un garçon, vous

aurez le même nombre de cœurs pour vous aimer et vous soigner, à ma mère et à vous dans vos vieux jours ; pensez donc à ceux qui sont auprès de vous, rendez-leur autant que possible la vie douce ; je ne crois pas un seul instant qu'il en soit autrement ; quant à moi, advienne que pourra, je suis là pour une noble cause, je ferai mon devoir facilement, le vôtre est plus difficile, je compte sur vous...

Bien des baisers à tous.

JEAN.

P.-S. — Inutile de montrer cette lettre à Amélie.

Lettre écrite par Pierre PELERIN, 36ᵉ Régiment d'Infanterie, blessé mortellement, à Neuville-Saint-Vaast, le 3 Juin 1915.

Abbeville, 5 Juin 1915.

MA CHÈRE TANTE,

Enfin ! ça y est, j'ai payé mon tribut à la Patrie et je vais me reposer un peu. Je suis blessé d'un éclat de grenade à l'épaule droite et j'ai été envoyé à l'arrière.

Je t'écris à toi directement pour que tu puisses prévenir maman et surtout qu'elle ne se fasse pas trop de soucis.

Je vous embrasse tous, tous, tous, de tout cœur, comme je vous aime.

PIERRE.

*Dernières lettres écrites par le Soldat Louis-Joseph
PENEL, du 174ᵉ Régiment d'Infanterie, 3ᵉ Bataillon, décédé à l'ambulance 9/21.
Ces deux lettres furent écrites le même soir et envoyées à la famille, sur le désir du mourant, à
vingt-quatre heures d'intervalle.*

10 Septembre 1918.

MA CHÈRE CAROLINE,

Vous avez dû être bien étonnés en recevant la
lettre que j'ai envoyée il y a trois jours à Antoinette.
Je parlais de la vue ; pour le moment, il n'en est
plus question. Les gaz m'ont pris à la poitrine et,
comme tu sais que j'ai toujours été faible, ils ont
pris le dessus ; ce sera long à guérir.

Ne vous faites tout de même pas trop de mauvais sang à mon sujet ; si la maladie prend une autre
tournure, je vous en aviserai aussitôt.

J'ai le plaisir de t'annoncer qu'en récompense à
ma conduite, on m'accorde la médaille militaire.

Septembre 1918.

MA CHÈRE CAROLINE,

Les choses se sont passées comme c'était prévu :
ma maladie a eu le dessus.

Je meurs ! que cela soit votre consolation à tous :
j'ai toujours vécu en bon Français et en bon chrétien.

Embrasse bien tout le monde de la famille.

Lettre écrite par le Sergent PESSIN, Robert-Charles-Louis, 313ᵉ Régiment d'Infanterie, tombé au champ d'honneur, à Rarécourt (Meuse), le 5 Juillet 1916.

Argonne, le 29 Novembre 1915.

MON CHER PETIT FERNAND,

Je profite que j'ai un peu de temps à moi aujourd'hui pour t'adresser ces quelques lignes. Ce sera d'abord pour te féliciter pour les beaux progrès que j'ai remarqués dans ta dernière lettre. Elle m'a fait bien plaisir sous tous les rapports. Continue de bien apprendre, fais ton devoir à l'école comme nous faisons le nôtre ici, apprends à bien connaître ton beau pays que nous défendons et souviens-toi toujours de tous ces grands frères et tous ces papas qui sont dans les tranchées, empêchant la race maudite de pénétrer plus avant. J'espère recevoir bientôt une belle lettre de mon amour de petit Fernand, sur laquelle je souhaite remarquer encore de beaux progrès.

Mille baisers du grand à son petit nini, nounou.

ROBERT.

*Lettre écrite par le Général PLESSIER, comman-
dant la 88e Brigade d'Infanterie, blessé mortellement, en Alsace, le 19 Août 1914.*

17 Août 1914.

...Quoi qu'il en soit, nous voilà en guerre, et quelle guerre ! on n'en aura jamais vu de semblable.

Puissions-nous être victorieux ! Pour obtenir ce résultat, je sacrifierai tout ce que j'ai de plus cher. Je ne parle pas de ma vie qui, à l'âge que j'ai, n'est pas du tout précieuse. J'espère que tous nous allons nous battre avec un acharnement inouï.

J'ai hâte de partir d'ici. C'est l'affaire de quelques jours, et je ne suis plus inquiet maintenant ; je serai bel et bien de la partie. Elle sera intéressante. Les débuts sont bons, mais tout dépendra de la grande bataille. Je crois que la guerre sera longue.

PLESSIER.

Bien chers Parents,

La lettre que je vous écris est une lettre d'adieu et lorsqu'elle vous parviendra je serai probablement tombé sous les balles de l'ennemi. Mais, qu'importe, ne pleurez pas trop, ma mort sera bien peu de chose si elle peut contribuer à la victoire de mon pays. Mon seul regret aura été de mourir sans avoir pu jouir du beau spectacle de son triomphe.

Naturellement, ayant déjà perdu mon pauvre frère, ce sera pour vous et toute la famille une grande douleur ; vous achèterez une petite couronne ou un rameau de laurier que vous mettrez sur la tombe de mon frère et vous lui direz un dernier adieu pour moi.

Embrassez bien mes sœurs et frères et beaux-frères s'ils reviennent sains et saufs. Dites-leur que si ma vie a été courte, mon rôle aura été suffisamment rempli, car j'aurai disparu au champ d'honneur sous les plis du drapeau, en faisant mon devoir de Français.

Chers parents, j'écris cette lettre avant de partir au feu, car probablement demain nous arriverons sur le champ de bataille. Et, avant d'y aller, j'ai voulu vous faire mes adieux ; pour le moment, je suis en parfaite santé et désire qu'il en soit de même pour vous tous ; vous donnerez le bonjour à Monsieur Jacques et vous lui ferez voir ma lettre. Je termine ma lettre en vous embrassant bien tous.

MARCELIN.

1ᵉʳ Août 1914.

CHER PAPA,

Comme vos autres fils, je pars à coup sûr pour me
battre ; je sais que vous pouvez compter qu'à l'exemple des vertus que vous nous avez appris à pratiquer,
nous saurons les pratiquer à notre tour.

Merci mille fois de nous avoir élevés dans le sentiment du devoir. Je dois vous le dire en cette heure
solennelle, tout ce que je suis, c'est à vous que je
le dois, après Dieu, que vous nous avez appris en
toutes circonstances à voir présider au destin des
peuples et des familles.

Qu'Il protège la France ! Qu'Il protège les miens !
Qu'Il me protège ! Je pars confiant dans l'avenir.
J'ai mis ordre à mes affaires...

Embrassez bien mes frères pour moi et tous nos
parents et que tous nous priions fervemment pour
ceux que Dieu rappellera à lui ou seront blessés dans
cette effroyable tuerie qui se prépare.

Si je disparais, je sais que vous entourerez toujours Marguerite de vos conseils si sages, surtout en
ce qui regardera l'éducation de mon fils. Je lui demande de vous écouter comme elle m'aurait écouté.

Donnez-moi votre bénédiction...

E. POTIER.

Lettre écrite par le Sous-Lieutenant grenadier Louis QUITTET, 158ᵉ Régiment d'Infanterie, tombé au champ d'honneur, le 4 Septembre 1916, au combat de Sajécourt.

Soyez forts, mes chers parents, et, si je dois tomber, vous aurez au moins la consolation de penser que j'aurai fait mon devoir jusqu'au bout. Il ne faudra pas pleurer, on ne pleure pas celui qui meurt pour sa Patrie.

Lettre écrite par Charles RAVINET, 119ᵉ Régiment d'Infanterie, tombé au champ d'honneur, le 24 Juin, à Ablain-Saint-Nazaire.

Ils étaient quatre frères au front. Le frère aîné, Marcel, fut tué vers le 10 Juin. C'est en apprenant cette nouvelle que Charles écrivit cette lettre ; deux jours après, il était tué à son tour.

22 Juin

MES PAUVRES PARENTS,

Hier, dans la tranchée, on m'a apporté la lettre de papa m'apportant la terrible nouvelle. C'est bien triste de penser qu'il est parti pour toujours, mais c'est bien beau de songer qu'il est mort pour la Patrie, à son poste. C'est une belle mort pour un Français comme lui qui était soldat dans le fond de l'âme.

Dieu m'appellera peut-être aussi à lui comme Marcel, que sa volonté soit faite, je suis prêt à paraître devant lui. Depuis que nous sommes ici, nous côtoyons la mort : les cadavres encombrent les boyaux, les anciennes tranchées boches retournées par notre artillerie d'où s'exhale une odeur de cadavres en décomposition, les blessés râlent dans la plaine, demandant à boire ou appelant à leur secours leur mère ou leur femme, le tout couvert par les obus qui éclatent de tous côtés et les balles qui sifflent à nos oreilles : voilà le spectacle qui s'ouvre à nos yeux.

Quelle est ma destinée ? je n'en sais rien, mais je jure, si Dieu me prête vie, de venger Marcel, après quoi qu'il fasse de moi ce qu'il voudra, si je dois y rester je mourrai content de l'avoir vengé. S'il m'arrivait malheur (il faut tout prévoir), ne me plaignez pas, car Dieu, dans sa miséricorde, nous réunira tous dans un lieu où ces cruelles séparations ne se produiront plus.

Bon courage, mes chers parents, priez pour lui, pour moi pendant les heures terribles que je vis par ici.

Recevez de votre fils qui vous aime de tout son cœur beaucoup de bons baisers.

Charles RAVINET.

Septembre 1914.

CHÈRE MÈRE,

Lorsque tu recevras cette lettre, je ne serai plus sur la terre, ce sera pour toi une émotion fort grande, mais, je t'en supplie, console-toi, dis-toi que j'ai fait mon devoir jusqu'au bout et que je suis resté un bon soldat.

Moi parti, il te reste papa ; si nous sommes perdus tous les deux, tu dois vivre pour les autres et rendre aux malheureux ce que tu aurais pu faire pour nous.

Je suis convaincu que papa et toi avez fait votre devoir. Puisque mon corps ne te parviendra pas, va prier pour moi sur la tombe de grand'mère, ta voix montera vers moi.

L'on te fera parvenir, sans doute, en même temps que ma lettre, un petit carnet où est enregistrée l'histoire de la campagne, conserve-le en souvenir de moi et montre à tes amis les endroits par où j'ai passé.

Je tiendrais que tu ailles remercier l'amie de Madame Médard, religieuse laïcisée de l'Institut Saint-Jean de Saint-Quentin, pour la médaille et l'encouragement qu'elle m'a donnés avant mon départ, ainsi que le prêtre qui s'est intéressé à moi.

Crois bien une chose, c'est que je suis mort en bon chrétien, non muni de l'absolution peut-être, mais n'ayant jamais oublié la prière du soir et pensant toujours à toi et à papa.

Je te dis un dernier adieu en t'embrassant bien fort ainsi que ceux qui restent.

Ton fils qui a toujours pensé à toi et à papa,

ROBERT.

*Lettre écrite par Louis ROBBE, 217ᵉ Régiment
d'Infanterie, tombé au champ d'honneur, le 30
Mai 1918, à Terdeghem, près Cassel.*

Aux armées, le 12 Août 1917.

BIEN CHERS PARENTS,

Si vous recevez cette lettre, c'est que je ne serai
plus de ce monde. Oh! mes chers parents, croyez
que je serai par la grâce de Dieu auprès de lui, et
je vous supplie de ne pas pleurer sur moi, car, n'étant
sur cette terre que pour gagner le ciel, qu'importe-
t-il que ce soit tôt ou tard, et quelle belle occasion
de passer dans l'éternité en combattant pour la
France, qui a certainement commis bien des fautes,
mais qui est malgré tout le royaume de la Sainte
Vierge ; quoi de plus beau que de mourir pour elle
qui sert quand même la juste cause ?

Je fais ici le sacrifice de ma vie au bon Dieu pour
la France, si c'est sa volonté, et je pars avec le désir
de faire tout mon devoir sans exposer ma vie inutilement, bien entendu, mais de servir entièrement
mon pays et aussi je pars réconforté à la pensée que
je vous défends vous-mêmes, mes chers parents.

Je vous demande bien pardon des peines que j'ai
pu vous faire, et je vous remercie de tout mon cœur
de ce que vous m'avez élevé dans notre religion et
je demande au bon Dieu de vous bénir pour cela.

Je n'oublierai pas non plus de remercier de tout
mon cœur Monsieur l'Abbé Perret, qui m'a instruit
de ma religion et qui m'a fait tant de bien ; Monsieur l'Abbé Amiot, qui a été pour moi un bon
pasteur et qui a si bien continué l'œuvre de l'Abbé
Perret ; mes oncles et tantes des Faittes, qui depuis
mon plus jeune âge ont été pour moi des seconds
pères et mères, et en général tous mes autres parents
et amis qui m'ont fait du bien sur la terre ; je me
recommande aux prières de tous : j'en aurai tant
besoin pour paraître devant le souverain juge.

Enfin, je termine, mes bien chers parents, en vous
disant de croire que ma dernière pensée après Dieu
sera pour vous crier un grand au revoir dans l'Eter-
nité.

Votre LOUIS.

*Lettre écrite par le Sous-Lieutenant Louis ROBIN,
76ᵉ Régiment d'Infanterie, blessé mortellement le
25 Septembre 1915.*

CHÈRE SŒURETTE,

Je t'écris à toi, car je te sais assez courageuse pour préparer papa et maman au cas où je resterais dans la fournaise. Si, dans une dizaine de jours, tu n'as rien reçu de moi, tu pourras dire adieu à ton grand frérot. Comme tu as dû t'en rendre compte, c'est le grand coup que l'on donne aux Boches et ce sera probablement la plus grande bataille des temps modernes sur un front de 800 kilomètres.

Que m'est-il réservé ? Mystère. Le 76ᵉ est appelé à pénétrer un des premiers dans les pays envahis par les Boches. Tout le monde ici est plein d'espoir, ainsi que moi d'ailleurs, et je te recommande mes vieux parents, ma chère femme et surtout ton petit neveu.

Je termine en t'embrassant.

Ton frère,

LOUIS.

Lettre écrite par Pierre SAGOT, Sous-Lieutenant au 22ᵉ Bataillon de Chasseurs Alpins, mort glorieusement pour la France, le 3 Septembre 1914, en conduisant sa section à l'assaut de la Tête de Behouille (Vosges).

J'écris ce petit mot aujourd'hui 2 Septembre, ne connaissant pas le sort que Dieu me destine.

Quand vous recevrez cette lettre, bien chers parents, j'aurai donné ma vie pour la Patrie, je serai mort en pensant à vous, après avoir fait ma prière si Dieu m'en donne le temps ! Vivez heureux malgré cette dure épreuve, reportez votre affection sur votre petit Roger. Dites à tous de bien aimer leur Patrie pour récompenser ceux qui sont morts pour elle. Dites à tous de vivre en chrétien, car on a besoin de Dieu au moment de mourir.

Adieu, bien chers parents, je vous bénis tous.

Votre PIERRE.

Lettre écrite par Marcel SARCIRON, blessé mortellement, le 6 Septembre 1914, à la bataille de la Marne.

MA CHÈRE MAMAN,

A la hâte, car le temps presse, une dernière lettre. Malheureusement, les pourparlers dont je t'avais déjà causé ne sont que trop vrais : avant la fin de cette semaine, il y aura déjà de mes camarades qui seront blessés ou morts, peut-être serai-je de ceux-là. En tout cas, il faut que je te dise qu'avant d'aller à la mort, j'ai rempli mes devoirs de chrétien. Monsieur le Curé de Gaillon est venu et j'ai été me confesser ; nous étions nombreux, plus que je ne l'aurais cru ; il m'a remis une médaille que je garde. Si tu voyais la figure des soldats, tous sont pâles et muets.

A l'heure actuelle où je t'écris, on nous informe que nous allons aller demain à Maubeuge ; tu regarderas sur la carte et tu verras que c'est tout près de la frontière ; enfin, je pourrai mourir content, car, bien que nous soyons tous sacrifiés, j'aurai fait mon

devoir jusqu'au bout, car je pars fier de servir ma
Patrie, pour te défendre, et tu pourras dire que ton
fils aura accompli sans défaillance la tâche qu'on lui
imposait, et au dernier moment, je te reverrai, ma
petite mère chérie, et mon cher papa qui a été pour
moi un grand ami. Je vous embrasse de tout cœur
en criant : « Vive la France ! »

Votre fils qui vous aime et qui pense toujours à
vous.

Marcel SARCIRON.

P.-S. — Ce matin, les habitants de Gaillon nous
ont accompagnés à la gare, nous ont donné du pain,
du tabac ; tous pleuraient.

Encore un dernier souvenir à vous deux et je meurs
en pensant à vous ! Adieu, mon papa chéri, adieu,
ma maman adorée ! Je vous embrasse comme je vous
ai toujours aimés.

MARCEL.

*Lettre écrite par le Sous-Lieutenant Louis SAU-
VRY, tombé au champ d'honneur, le 9 Août
1918, à la prise de Montdidier, à son fils aîné,
Aspirant au 61ᵉ d'artillerie, sur le front.*

MON BIEN CHER FILS,

Nous voici à la veille de prendre part d'une manière personnelle et agissante à la lutte et à notre
offensive générale.

Sans trahir aucun secret, nous allons pousser à
notre tour par un mouvement sur notre droite en tra-
versant la voie ferrée à trois kilomètres environ de
la ville de X... (Montdidier), dans un endroit qui
possède des marécages malencontreux. Mais ce qui
se passe à notre droite et à notre gauche nous dé-
blayera certainement beaucoup le terrain.

Il y a, bien entendu, des pièces de tous les cali-
bres et il en arrive encore cette nuit. Nous avons eu
une nuit bruyante, le tapage s'est continué toute la
journée et des deux côtés cela a été un grand concert, toute la lyre.

Mon bien cher Alfred, tu n'as pas oublié ce que
je t'écrivais l'an dernier dans une semblable circons-

tance, tu es mieux placé encore pour apprécier mes sentiments. Si la mort me frappait sur le champ de bataille, tu pourras te dire que je l'ai trouvée, que je suis venu la chercher de loin, pour accomplir ce qui m'a paru un devoir, et que j'ai considéré, à tort peut-être, mais en toute conscience, que je travaillais pour notre honneur, inspiré par mon amour pour vous.

Au demeurant, la confiance la plus entière m'anime que Dieu veillera sur mes jours comme il veille sur les tiens et je me place entièrement sous sa suprême volonté.

Ne t'étonne pas surtout si tu ne reçois pas de lettres de moi, cela prouvera simplement que les correspondances ne marchent pas, mes dispositions étant prises à toutes éventualités.

Au revoir, mon bien cher Alfred, je t'embrasse avec tout mon cœur.

Ton père qui t'aime,

Louis SAUVRY.

CHERS PARENTS,

Si vous recevez cette lettre, c'est que mon rêve se sera réalisé, je serai mort pour la Patrie, j'aurai donné mon sang pour la France. Je vous demande de ne verser sur mon cercueil que des larmes de joie; faites en vos cœurs le sacrifice de votre enfant et exaucez ma prière. Je pars avec la volonté ferme de me battre à outrance toutes les fois que j'en aurai l'occasion; rassurez-vous, je ne m'acharnerai pas sur un ennemi désarmé ou sur un vieillard, non. Mais je veux montrer aux Allemands que les jeunes Français sont plus patriotes qu'ils ne le croient. J'ai fait, pour ma part, depuis longtemps, le sacrifice que je vous demande de faire, encore une fois, exaucez cet ultime vœu. Je meurs pour Dieu, pour ma Patrie et pour vous et cela ne fait qu'un tout indissoluble. Parents chéris, je vous presse une dernière fois sur mon cœur.

Votre CHARLES.

*Lettre écrite par Albert-Charles TAUZIN, 12ᵉ
Cuirassiers à pied, blessé mortellement devant La
Pompelle le 19 Décembre 1917, décédé sept
jours après à l'ambulance du front, Château Pom-
mery, à Chigny-les-Roses (Marne).*

Le 25 Décembre 1917.

Mon petit Papa chéri,

Ma bonne petite Maman chérie,

Je ne vous verrai plus, mais je veux que vous
sachiez, encore une dernière fois, que vous étiez ce
que j'ai de plus cher au monde et que je vous ai
aimés jusqu'à la dernière minute.

Albert TAUZIN.

*Lettre écrite par le Sergent Charles TEMPLIER,
331e Régiment d'Infanterie, tombé au champ
d'honneur, le 16 Septembre 1916, à Bouchavesne.*

Jeudi 14 Septembre 1916.

MON CHER GEORGES,

Deux mots seulement pour te dire que cette fois j'ai vu la bataille, ou du moins nous y sommes depuis hier.

Je ne veux pas m'en plaindre, loin de là. J'y suis, je ferai mon possible pour faire pour le mieux, mais sois certain que ton frère fera son devoir sans trembler, en pensant à vous tous.

Hélas! je ne puis et ne veux te parler de la guerre que je ne connaissais en rien depuis deux ans et cependant dans sa beauté (car ce qu'elle représente dans un rayon très étendu est beau), mais aussi quelle horreur dans son détail, que de tristes choses que l'on voit...

Enfin, les opérations vont assez bien et espérons que bientôt ce sera fini et j'espère aussi qu'il me

sera encore permis de retourner vous dire ce que
j'aurai vu.

Voilà déjà qu'il ne fait pas chaud.

Embrasse bien tout ton monde pour moi et reçois
de ton frère un bien bon baiser.

CHARLES.

Lettre écrite par le Caporal Jean TISSIER, 81ᵉ Régiment d'Infanterie, tombé au champ d'honneur.

CHÈRE PETITE MÈRE,

Bien reçu ta longue lettre du 18, et tu penses si je suis heureux avec une lettre pareille !

Je te remercie pour ton colis que j'ai bien reçu. Tu parles d'une surprise ! je le reçois hier au soir à la soupe, avant ta lettre, donc. Que peut-il bien contenir ? Je l'ouvre. Ciel, que vois-je ! Un pâté de chez Bourbonneux... Une demi-heure après, il était mort et enterré avec les honneurs militaires... ce qu'il était bon ! Et l'arrosage, donc ! .

Petite mère, ce que tu me gâtes ! Je vois que tu es bien occupée avec tes poilus ! que de travail ! et combien je suis heureux de voir, malgré tout le travail qui t'est imposé par la maison de commerce. tout le mal que tu te donnes pour nous gâter, et heureux surtout que tu te portes bien.

Ce qu'il en a de la veine, papa ! Déjà été deux fois en perm à Paris, et tu vas aller le voir. Tu es avec lui en ce moment ! Je suis positivement jaloux... Oui, mais je me rattraperai quand ça sera fini.

Petite mère, tu te fais une trop belle idée de moi, de mon insouciance et de ma gaieté, je n'ai pas de mérite. N'ai-je pas tout ce qu'il faut pour être aussi heureux que possible ? Tu me gâtes comme je ne pensais pas qu'il fût possible d'être gâté ; je suis jeune, je n'ai pas de soucis pour plus tard, et n'ai rien à craindre, ou presque, pour ceux que j'aime... Au contraire, je vois autour de moi des poilus des pays envahis, qui n'ont plus rien sur terre ; leur pays est ruiné, leurs parents sont prisonniers, ils sont sans nouvelles ; quelquefois, leurs femmes, leurs enfants sont aux mains des Boches. Que trouveront-ils la guerre finie ? Leur maison saccagée, pillée, peut-être en ruines ; leurs parents, leurs femmes, leurs enfants, que seront-ils ?... Voilà ceux qui ont du mérite à être gais, à avoir un bon moral !

J'ai reçu tous tes colis, chère maman, il n'en manque pas à l'appel. Le beurre que je reçois maintenant est délicieux.

J'espère que tu as reçu les pellicules. Ici, il continue à faire un temps épouvantable ; je me souviendrai des huit jours que nous venons de passer, c'est du joli. Heureusement que je suis costaud ! Je n'ai plus que deux hommes à mon escouade, le reste est évacué : angines, bronchites, courbatures fébriles, etc.

Chère mère, je te quitte en t'embrassant très tendrement.

JEAN.

17 Juillet 1916.

CHER MONSIEUR CROLAND,

Ces lignes pour vous exprimer toute ma reconnaissance, toute ma gratitude, tout ce que je ressens de
bons sentiments pour la constante bienveillance dont
vous avez fait preuve envers moi toujours, en tout
temps. Cher Monsieur Croland, je vais peut-être
casser ma pipe, peut-être cette lettre est la dernière
que vous recevrez de moi, car demain nous partons
à V..., après un repos d'une huitaine. Le régiment
a la mission de reprendre l'ouvrage de Th..., gagné
et perdu plusieurs fois. C'est vous dire qu'il va faire
chaud. Je ne me dissimule pas qu'il y a bien 90
chances sur 100 de n'en pas revenir, car on cite des
bataillons qui furent entièrement décimés. Mais,
quoi qu'il arrive, soyez persuadé, Monsieur Croland,
que Toussaint cassera sa pipe très proprement. Tout
ce que je souhaite est de ne pas être amoché avant

d'avoir fait entrer Rosalie en danse. Le résiné, ça me connaît, vu que je suis boucher.

Je vous prie, Monsieur Croland, de dire à Monsieur Dauphin que je serai parti avec les bons souvenirs de satisfaction dus à sa grande amabilité et à la profonde amitié de son fils. Non pas adieu, mais au revoir.

TOUSSAINT.

Lettre écrite par le Sous-Lieutenant Gustave VEUILLET, 23ᵉ Régiment d'Infanterie, tombé au champ d'honneur, le 26 Août 1916, à Curlu (Somme).

MA CHÈRE MAMAN,

Lorsque tu liras ces lignes, je me serai, comme tant d'autres, acquitté envers le pays de la dette sacrée ; et ce n'est certes que payer un juste prix l'honneur d'avoir porté le nom de Français en ces heures sublimes, en renonçant à certains rêves d'avenir. Depuis longtemps, j'avais fait le sacrifice de ma vie à la noble cause, la plus belle entre toutes, celle pour laquelle nous avons su souffrir, lutter et mourir.

Elle en vaut la peine. Que cette nouvelle te trouve forte et fière d'avoir donné un fils à la Patrie, c'est là mon dernier vœu. Le cœur des mères est, je sais, bien sensible à de pareils coups, mais je sais aussi que le cœur d'une Française les supporte vaillamment, et tu étais la maman d'un bon Français.

Comme j'ai sacrifié ma vie sur l'autel de la Patrie, offre ton héroïque douleur à notre chère

France et nous aurons tous deux bien mérité du pays. Songe que la mort est notre lot fatal et qu'il faut la bénir lorsqu'elle concourt à un tel but. Sois assurée que je l'ai affrontée sans crainte, mon seul souci étant de faire dignement mon devoir. Et je meurs sans remords, ma tâche consciencieusement accomplie, avec la joie sereine de songer que mon souvenir survivra parmi celui des braves tombés au champ d'honneur pour que l'humanité fût faite de plus de justice. Je ne regrette rien de la vie, car j'ai vécu des heures uniques et sublimes, exemptes de tout calcul et d'égoïsme, et je ferme les yeux sur une vision presque trop belle pour être humaine.

J'ai vu tomber à mes côtés en un effroyable pêle-mêle, mais d'un geste héroïque, des heureux de la vie et des pauvres diables, de puissants cerveaux et de rudes primitifs, qui, après avoir souffert de longs mois, fait abstraction de tout, sacrifié fortune, plaisir, famille, ont donné leur vie pour un idéal d'amour, de justice et de liberté.

Si tu savais comme de tels exemples aident à mourir ! J'emporte dans la tombe le radieux espoir d'une France grande, forte et respectée, avec la pensée que j'aurai modestement contribué à l'œuvre de rénovation ; ma dernière pensée s'envole vers toi, chère petite maman, et auprès d'Henri que j'ai beaucoup aimé, dans la communion de pensée où nous réunissait l'amour profond de notre belle France.

Ne pleurez pas ma mort, ce serait faire injure à ma mémoire ; placez mon portrait en tenue à la place d'honneur du salon et ne l'encadrez pas de crêpe, car je veux être uniquement un souvenir de gloire et non de deuil. Ceux qui sont tombés en soldat ont droit que l'on ne pleure pas leur trépas puisqu'ils l'ont librement consenti et jugé utile.

Adieu et vivez pour transmettre mon exemple à ceux qui auront la gloire d'achever la tâche.

GUSTAVE.

Lettre écrite par Louis-Don-Joseph VINCEN-TELLI, 158e Régiment d'Infanterie, tombé au champ d'honneur, le 9 Juillet 1917, à Souchez.

8 Juillet.

Chers Parents,

J'ai reçu votre lettre datée du 13 Juin et suis très heureux de vous savoir en bonne santé. Nous étions au repos pour un mois, mais un ordre vient d'arriver et nous partons dans deux heures pour Lorette. *Ça doit chauffer,* mais mon courage n'a pas diminué. Je suis très content de savoir que vous vous soumettez à la volonté de Dieu. Oui, chers parents, je ne vous demande que cela. Même si un jour vous appreniez ma mort, eh bien ! ayez la consolation de savoir que votre fils aura fait tout son devoir.

J'ai prévenu un de mes camarades de combat de vous envoyer la photo si je venais à tomber : il s'appelle Velin, Marius, de Saint-Saveurnin (B.-du-R.).

Un Marseillais a reçu une lettre de Marseille dans laquelle on lui dit que les Marseillais en ont assez. J'ai été peiné d'apprendre cela. Quant à vous, je suis persuadé que vous aurez toujours bon courage.

Voyez, chers parents, je ne vous cacherai rien. Au Valdabon, j'étais toujours malade, depuis le début jusqu'à ce que je rentre à l'infirmerie, j'ai souffert des intestins ; les premiers jours, à la visite, on m'a reconnu et après le major ne m'a plus reconnu ; depuis ce jour, j'ai toujours marché.

Dieu sait toutes les fatigues que j'ai supportées et pourtant, grâce à lui, jamais je ne me suis découragé, non, jamais, car je priais.

Il n'y a que le jour où, arrivé au maximum de mes forces, on m'a rapporté à moitié mort à l'infirmerie. Mais Dieu m'a réconforté, car ma maladie a disparu et je suis frais et dispos, aussi j'emploierai ma santé au service de la France.

Que Michel n'oublie pas son devoir de chrétien : je lui demanderai de faire une sainte communion pour moi.

Ce soir, j'irai à l'église voir si l'on me fera la faveur de communier avant de partir pour les tranchées.

J'espère recevoir l'argent demain ou après-demain. Heureusement, il me reste encore 3 francs pour m'acheter quelques provisions pour le voyage : nous avons 40 kilomètres à faire en automobile.

« Le caporal me remet à l'instant 200 pruneaux pour aller faire des cartons à la foire. »

Ici, il fait chaud. Donc, chers parents, bon courage, trouvez la consolation dans la prière.

Je vous embrasse de tout mon cœur.

LOUIS.

Chère Maman,

Je veux ajouter quelques mots pour toi afin de t'apporter un peu de courage. Je ne te cacherai pas que nous partons dans un vrai enfer.

Dieu m'a choisi pour vous représenter au combat, et c'est tout joyeux que j'accepte. Il est vrai que c'est dur, qu'à chaque minute, à chaque seconde, la mort vous guette, mais malgré tout je ferai mon devoir et, s'il le faut, je donnerai ma vie.

Je t'embrasse de tout mon cœur.

Au revoir. Vive la France !

*Lettre écrite par le Sous-Lieutenant Pierre VIO-
LET, 6ᵉ Tirailleurs, mort au champ d'honneur
le 26 Octobre 1918.*

30 Mars 1918.

Je n'ai, à mon âge, pas connu grand' chose de la vie. La France et son idéal de liberté fut et demeure mon grand amour, et je serai fier de me dévouer pour elle.

Si, comme tant d'autres, je dois succomber dans la lutte ardente, je ne demande à Dieu qu'une chose : me laisser vivre assez longtemps pour voir les Boches en déroute et je mourrai content, comme un soldat doit mourir : face à l'ennemi.

Pierre VIOLET.

19 Juin 1915.

Mon cher Père,

Oui, évidemment, je sais que je fais mon devoir,
mais je me demande si je ne pourrais pas le faire
mieux. Je sais qu'en ce moment on manque d'officiers d'infanterie ; je crois donc que je pourrais être
beaucoup plus utile dans cette arme qu'ici, surtout
si je réussis à être sous-lieutenant. Cette guerre dure
si longtemps et affecte le moral de si nombreuses
personnes (aussi bien civiles que militaires) que j'estime que ceux qui en sont capables doivent faire plus
que leur devoir et je vous sais assez patriotes pour
être sûr que vous pensez comme moi. Mais, naturellement, je ne ferai rien avant d'avoir votre avis.

PIERRE.

Lettre écrite par le Sous-Lieutenant Rodolphe WURTZ, 405ᵉ Régiment d'Infanterie, tombé au champ d'honneur en Champagne.

MA CHÈRE PETITE MAMAN,

J'espère que tu ne recevras jamais cette lettre, car si elle te parvient un jour, c'est que je serai allé retrouver papa et mon cher petit frère.

Cette idée de mort ne m'épouvante pas le moins du monde. Si je tombe, ce sera pour la France, en faisant mon devoir, comme autant d'hommes le font en ce moment.

Il n'y a que toi qui m'inquiète, et je me dis : « Que deviend a pauvre maman ? » Si je viens à mourir, voilà ce que tu feras. D'abord, tu auras et conserveras beaucoup de calme, tu garderas ton sang-froid et tu ne t'en iras pas par les rues en criant ton désespoir ; ta douleur sera calme et digne.

Puis tu iras à Luché-Thouarsais, sur la tombe de papa, et tu lui diras que ses deux fils sont morts en faisant leur devoir et que son gendre en a fait autant.

Mon père sera content de savoir que son grand Rodolphe et son petit Emile sont tombés au champ d'honneur.

Tu lui diras aussi que Rodolphe est tombé avec l'épaulette, face à l'ennemi et en tête de ses hommes. Il sera heureux, notre pauvre père, et toi aussi, chère maman, tu auras la satisfaction d'avoir donné le jour à des gens de bien, quoique certains en aient douté.

Tu retourneras à ton travail à la gare de Chef-Boutonne, et tu continueras jusqu'au jour où tu jugeras être assez fatiguée et avoir assez travaillé pour te reposer.

Tu retourneras dans ton pays, en Alsace redevenue française, et tu te diras si tu es à Thann ou à Strasbourg, c'est que tes fils auront contribué à rendre à la France nos chères provinces.

Que cette pensée te soit douce au cœur. Elle sera une consolation dans ta vieillesse. Je te veux et te désire toujours bon courage et de la confiance. Le sacrifice bien accepté, la joie dans la résignation font les forts. Tu chasseras bien loin de toi toute colère contre qui que ce soit ; tu ne seras point jalouse des mères qui auront conservé leurs enfants. S'il t'arrive parfois de pousser des soupirs en voyant les camarades de mon frère ou les miens, songe que tes fils ne souffrent plus et que leur mort glorieuse vaut bien la misérable existence de ceux qui restent.

C'est bien promis, n'est-ce pas ? si je ne reviens

pas, tu diras que les dernières pensées de ton grand
fils ont été vers toi et vers ma sœur Blanche et que
du paradis des braves je vous protégerai toutes les
deux.

Bons baisers, donc, et du courage et de la force
de cœur, dans la vie comme dans la mort.

Rodolphe WURTZ.

IMPRIMERIE HEMMERLÉ, PETIT ET Cie

2, 4 et 4 bis, rue de Damiette, Paris, 2°. (204-12-21)

RÉPERTOIRE DE JURISPRUDENCE

EN MATIÈRE

DE TRANSPORTS

PAR

Ch. ACKERMANN

Expert-Conseil en Transports

GENÈVE

———

VOLUME I

AVARIES

avec une reproduction

S. A. DU RECUEIL SIREY
22, Rue Soufflot, 22
PARIS (Vᵉ)

GEORG & Cᵒ S. A.
Libraires-Editeurs
GENÈVE

1928

Banque de Genève.
Fondée en 1848
o
Siège : 4 & 6, Rue du Commerce
Agence : 2, Rond Point de Plainpalais.
TOUTES OPÉRATIONS
DE BANQUE
AUX CONDITIONS
les plus
avantageuses